故事里的国学经典 06

故事里的《孟子》

王封臣 编著

中国大百科全书出版社

图书在版编目（CIP）数据

故事里的《孟子》/ 王封臣编著. —北京：中国大百科全书出版社，2023.4

ISBN 978-7-5202-0922-9

Ⅰ. ①故… Ⅱ. ①王… Ⅲ. ①儒家②《孟子》—通俗读物 Ⅳ. ①B222.5-49

中国版本图书馆CIP数据核字（2021）第026720号

出 版 人　刘祚臣
策　　划　刘　嘉
责任编辑　陈　光
责任印制　邹景峰
插　　画　杨东佳
封面设计　今亮后声 HOPESOUND pankouyugu@163.com · 王秋萍　赵晓冉
出版发行　中国大百科全书出版社
地　　址　北京阜成门北大街 17 号
邮　　编　100037
网　　址　http://www.ecph.com.cn
印　　刷　北京汇瑞嘉合文化发展有限公司
开　　本　880 毫米 ×1230 毫米　1/32
字　　数　120 千字
印　　张　6.125
版　　次　2023 年 4 月第 1 版
印　　次　2023 年 4 月第 1 次印刷
定　　价　48.00 元

目录

01

分享的力量

曰："独乐乐，与人乐乐，孰乐？"

曰："不若与人。"

曰："与少乐乐，与众乐乐，孰乐？"

曰："不若与众。"

在荷兰的阿姆斯特丹，几乎家家户户都会种一种植物——郁金香。

话说当地有个小伙子叫汤姆，他就在自己家中的院子里种满了郁金香。而且汤姆非常喜欢郁金香这种花，把自己院中的郁金香照顾得是无微不至，有什么郁金香品种，他都愿意花大量的钱买过来。这么一来，他家院中有着特别多的郁金香品种。汤姆非常希望自己种的郁金香能够艳压群芳，比其他人种的郁金香要好，他就高兴了。

有一次偶然的机会，有个过路人来到汤姆家，向汤姆讨杯水喝，汤姆热情招待了过路人。过路人临走的时候，为表达自己的谢意，就从怀中摸出一个小包来递给了汤姆。

汤姆问："这什么东西？"

过路人说："我看你院子里种了很多郁金香，但是这些郁金香都是平凡的品种。我现在给你的小包里，是一种非常特殊的高级郁金香种子，你把它种下去，这个品种郁金香开花之后，会异常艳丽、异常透明、异常芬芳！你把这种郁金香拿到市场上去卖，一定能卖个好价钱。"

"是吗？"

"你种一种试试。"

"好！"

汤姆感谢了过路人。过路人走了。汤姆就把小包郁金香种子悉心保存下来。

等到播种季节，汤姆就打开了这个小包，他没敢把所有的种子全撒上，他怕种子全撒上了，万一长不出来，或者今年呵护得不好，这珍贵的品种就没了，先种一半试试。于是，汤姆就把这种子撒在自己院中，然后细心守护自己的院子。没过多长时间，种子发芽了，汤姆更加呵护这些郁金香了，就期待开花的时候到来。

邻居听说这事儿了，找到门来："汤姆，你那高级的郁金香种子，能不能给大家分一点？"

汤姆一听，一个词回答——不行！"这是我的！这个品种是我独有的，谁要也不给！”

后来终于这郁金香开花了。但是汤姆这么一看，挠头了。怎么？汤姆家院中的高级郁金香并没有像送种子的人描述得那么好，开出来的郁金香花也都比不上邻居们院子里的郁金香。结果等郁金香该拿到市场上去卖了，邻居们的郁金香都卖得很好，汤姆的郁金香跟邻居卖得差不多，没卖到什么大价钱。汤姆当时非常愤怒，这肯定是那个过路人骗了我，如果再让我逮到那过路人，我非得揍他不可！

想着想着，过路人又来了。这过路人今年又来到了这个小镇上，去年口渴了，今年一样，去年的汤姆热情招待自己，今年过路人又敲开了汤姆的门。

汤姆一开门："你呀？我找的就是你，我要揍你！"

过路人说："你这个人一年不见，怎么性情大变？你为什么要揍我？"

"你是个骗子！"

"我怎么骗你了？"

"去年你给我一包种子，你说种下之后，我这个郁金香是特殊的高级品种。结果跟邻居的花差不多少，但我花费的精力比他们都多，我不揍你揍谁？"

"不应该呀，你怎么种的？"

汤姆就把他如何精心呵护郁金香的经过讲述一遍，越讲汤姆越憋屈："就因为你这郁金香种子，我把邻居们全得罪了。"

过路人一听："你怎么得罪邻居了？"

"他们听说我有高级郁金香种子，都过来向我要，我能给他们吗？我说不给他们，结果邻居全不理我了。但这郁金香种出来也没那么好。你说你这不是骗我吗？你把我害得太苦了！"

过路人一听："闹了半天是这么回事。这事还真就怨不得我。"

"怨不得你怨谁？"

"怨你自己！"

"什么？！"汤姆一听，"怨我自己？"

"不是我骗你。我给你的种子肯定是高级郁金香品种。但是，这种高级郁金香品种得广泛的种植。光你种了这种郁金香，别的家种的全是普通郁金香，等这郁金香开花的时候，微风这么一吹，普通的郁金香的花粉就飘到你的院子里来了，那你的郁金香也不可能像我说得那样开得那么好了。只有大家都种这种特殊的高级郁金香，那么花粉这么一传播，所有的郁金香都会开出艳丽的花朵。你太自私了，你不懂得分享。结果由于你的自私，你的高级郁金香也变成了庸俗的郁金香了。"

汤姆一听："闹了半天是这样。你也不早跟我说。我还剩一半种子。我立刻把这一半种子分给我的邻居。来年我们小镇上会全都种着高级郁金香！"

从此荷兰阿姆斯特丹的郁金香誉满全球。

【经典原文】

曰："独乐[1]乐[2]，与人乐乐，孰乐？"

曰："不若与人。"

曰："与少乐乐，与众乐乐，孰乐？"

曰："不若与众。"

——《孟子·梁惠王下》

【字词注释】

① 乐（yuè）：名词用作动词，指欣赏音乐。

② 乐（lè）：快乐，欢乐。

【参考译文】

（孟子）问（齐宣王）："一个人单独欣赏音乐快乐，跟别人一起欣赏音乐也快乐，（两者相比）哪一种更快乐呢？"

（齐宣王）说："（自己单独欣赏音乐）不如跟别人一起欣赏音乐更快乐。"

（孟子又）问："跟少数人一起欣赏音乐而快乐，跟多数人一起欣赏音乐也快乐，（两者相比）哪一种更快乐呢？"

（齐宣王）说："（跟少数人一起欣赏音乐）不如跟多数人一起欣赏音乐更快乐。"

02

刘邦宽厚得天下

曰："德何如，则可以王矣？"

曰："保民而王，莫之能御也。"

中国历史上第一个封建王朝是秦朝。秦朝政令苛刻，尤其到了秦二世胡亥继位，老百姓简直活不了了，稍微犯一点错都施以重刑，动不动就死刑，甚至连坐——一人犯了事了，全家甚至邻居都要受株连。哪里有压迫，哪里就有反抗。天下不少的老百姓就开始造反了。

这个时候，在沛丰邑有一个人叫刘季。刘季就是未来的刘邦。为了说得明白，咱就叫他刘邦。刘邦当时在沛丰邑做一介亭长。什么叫亭长？比现在的村委会主任大点，比乡长小点，就是这么一个小吏。

当时刘邦接到一个任务——由打沛丰邑往骊山运送一批犯罪之人，到那里为秦始皇修建陵墓。谁愿意去？你想想修陵墓、修长城，秦朝动用了大量民力，很多人都累死在施工现场，朝廷根本就不把人当人看。所以一路之上，一边走，这些罪犯瞅着刘邦不注意，今天溜俩，明天走仨，没过几天，跑了一大半。

刘邦一看，好家伙，就这么下去，到不了骊山全跑光了。再说了，秦朝的刑法十分苛刻，跑一个，作为领队之人就是死罪。这下跑那么多，都够灭我九族的罪了。怎么办？干脆甭去了！这秦朝没办法保了。像这些犯罪之人到骊山也是得累死，或者被他们打死。干脆，我全把他们全放了得了！

就这样，刘邦这天晚上把没跑的犯人召集起来，把所有的钱拿出来，在附近买了好吃的酒肉，大家是饱餐一顿。吃一通、喝一通，刘邦就对人们宣布了，说："现在我做主，把你们全放了，自找生路去吧！反正到骊山也是死，我把你们放了。"

众人一听：太好了，自己一下子成自由之身了，赶紧走吧。但是转念一想："我们跑了，您怎么办？"

刘邦说："别管我了。我找个山头占山为王得了，我也不想回去了！"

众人一听："别价呀。您放走我们您犯罪了。干脆，我们大家也不走了。我们就拥立您为首领，咱就占领芒砀山，落草为寇，占山为王，咱反了！"就这么着大家拥立刘邦进入芒砀山，挑旗造反了。

刘邦在沛丰邑里面有好朋友，文书萧何和管监狱的官叫曹参，他们就跟刘邦里应外合，把沛丰邑拿下了。老百姓就拥立刘邦当了首领，尊刘邦为沛公。

后来刘邦带着兵跟项梁、项羽叔侄同在楚怀王的旗下共事，戮力伐秦！

楚怀王当众宣布："你们两支分头去攻伐暴秦，谁先拿下秦都咸阳，谁就当关中王。"这就是"先入关中者王之"。

项羽可能耐了，马上统兵带队攻伐暴秦。这一路之上见寨灭寨、见城灭城，人家秦朝军队都投降了，他也把人家全部杀掉，可以说是一路血洗。

但是，刘邦一路前进却秋毫不犯、爱民如子，遇到城池基本上就是派一些谋略之人，靠着三寸不烂舌去说服人家，给人家讲道理：投降吧，你要不投降我们攻城，玉石俱焚。现在秦朝保不住了，何必为暴秦卖命呢？这么一做思想工作，大部分的城池是望风归降。每到一城，刘邦都出榜安民，对待老百姓秋毫不犯。结果刘邦这一道很快就拿下函谷关，打到咸阳城。

这个时候，秦王子婴一看大势已去，带着秦朝大臣拿着皇帝玉玺、兵服节杖向沛公刘邦投降。

刘邦手下有人主张把子婴干脆给杀了得了。但是刘邦不同意。怎么？我这人待人宽厚，人家都已经投降了，怎么再杀人家？于是刘邦没有杀子婴。

项羽一看刘邦进入咸阳了，他不服！本来刘邦进入咸阳，按照约定人家刘邦就是关中王。但是项羽气不过，要来打刘邦。刘邦一看自己打不过项羽，只得转了一圈儿之后，让将士把原来

秦朝的那些府库全贴上封条，丝毫不犯，领着士兵就回到灞上。

外边老百姓不知道真假，一看刘邦转了一圈又回到灞上了，一个个挑大拇哥：从来没见过这样的仁义之师。于是一个个牵着猪羊、抬着美酒，络绎不绝地到灞上慰劳军队。

刘邦一看，赶紧就对这些关中父老说了："各位父老，我们吃喝用度一概不缺，不能再让父老们破费了。我们出发之前，怀王已经跟我们约定好了，谁先进入关中，谁就当关中王。所以从今往后，我就是你们的大王了，以往你们被秦朝残酷的法令害苦了，今天我就跟诸位父老约法三章！什么意思？过去秦朝的苛法完全废除。我就跟大家约三条，第一条杀人偿命，第二条伤人判罪，第三条偷盗的也判罪。除了这三条之外，其他的秦国的法令一律废除！"

老百姓们一听，这刘邦沛公太宽仁了。于是，老百姓一个个都盼着刘邦赶紧当关中王，自己愿意在刘邦手下为百姓，那刘邦肯定对我们好。但是没办法，刘邦当时势力弱，项羽愣是把刘邦撵到巴蜀一带，你在那里当王去，我自封西楚霸王。

项羽到了咸阳，就把那秦朝降王子婴给杀了。你看刘邦能够宽仁，饶恕子婴。而项羽却杀死降王子婴。

关中父老一看，相比之下刘邦、项羽天地之别，都盼着刘邦赶紧回来。

正是刘邦宽以待人，才为他后来重新返回中原打下了坚实基础，一步一步地打败了项羽，建立了强盛的大汉王朝。

【经典原文】

曰："德何如，则可以王①矣？"

曰："保②民而王，莫之能御也。"

——《孟子·梁惠王上》

【字词注释】

① 王（wàng）：名词用作动词，称王。

② 保：安。

【参考译文】

（齐宣王）问："要有怎样的德行，才可以称王？"

（孟子）说："通过安定百姓的生活去实现王道，就没有谁能够阻挡。"

03

独夫民贼商纣王

贼仁者，谓之贼；贼义者，谓之残。残贼之人，谓之一夫。
闻诛一夫纣矣，未闻弑君也。

商纣王是商代的最后一位君主，也是中国历史上一个臭名昭著的暴君。他即位之后，迷恋酒色，纵欲无度，横征暴敛，聚敛民财，滥施酷刑，杀害无辜，妒贤嫉能，宠信奸佞，使得商王朝一步一步地趋于灭亡。

他一上台，为了满足自己穷奢极欲的糜烂生活，就搜刮民脂民膏，下令修建鹿台。这鹿台修得太豪华了，方圆三里，高过千丈。千丈！别说当时了，就是咱们现在修都困难。雕梁画栋，金碧辉煌。就修建这座鹿台，累死的老百姓不知多少人。

鹿台修完之后，那不能说商纣王一个人住，得有人陪他，他要美女。就让天下诸侯在各处为自己搜罗美女，全进到自己鹿台之中。

光有美女了，空荡荡光是人也不成啊，还得有各地搜刮来的珍石异宝镶嵌屋中，放在盘里、放桌上好看。

光有人、光有宝贝那还不行，还得养一些珍奇异兽，供人观赏。于是就在鹿台周围建了不少的动物园。

当时纣王最宠幸的妃子叫妲己。纣王跟妲己是日夜淫乐，通宵达旦喝酒看歌舞。怎么更好玩呢？干脆咱挖一个大池子，在池子里灌满美酒，让人在酒上划船，让人直接就喝这池子中的酒，在这池里玩，这叫酒池。然后把这肉挂在树林当中，把那男的女的都扒光衣服扔进去，在里面嬉戏玩耍，饿了就摘肉吃，这叫肉林。

哎呀，商纣王生活可谓穷奢极欲达到了登峰造极地步，按现在话来说，太能作了。你想想这得多少钱，这钱从哪来？都是搜刮老百姓的民脂民膏。

那年代老百姓跟咱们现在的老百姓根本比不了，天壤之别！你不搜刮他，平常都处在生存线的边缘。你再搜刮他，把广大老百姓就推入了水深火热之中。有个词叫“百姓倒悬”，什么叫倒悬？脚脖子上缠上绳子把你吊那儿，头冲下，你难受不难受？这就是当时老百姓的境况。老百姓可受了罪了，怨声载道，实在忍受不了，只得挑旗造反。

老百姓一造反，纣王命令天下诸侯：“给我镇压！”

结果老百姓造反，诸侯也受不了，纷纷也造了反了，可以说商纣王当时是众叛亲离。

商纣王一看不给你们点颜色看看，你们不知道天多高地多厚。于是，纣王就发明了一种叫炮烙的酷刑，就是弄个大铜柱子，上面涂满膏油，下面燃烧起熊熊烈火，把这铜柱子烧得通红，让那些所谓的犯罪之人，从铜柱子这头爬到那头去。你想想那不成烤肉了吗？在这铜柱子一爬，“嗞啦”一下子，人是一声惨叫，掉到烈火当中，当场就被活活烧死，惨不忍睹。别人都不忍看，但商纣王和妲己一边看一边喝酒，怎么？以此取乐。

不仅如此，商纣王可以说还任意地荼毒百姓，就把百姓当小草了，任意铲除。

有那么一天，商纣王跟妲己在鹿台之上，它高呀，往远处一望，发现有一个妇女腆着肚子正在道上走，是个怀孕的妇女。商纣王就跟妲己打赌，商纣王猜这个妇女怀的是个女孩，妲己猜妇女怀的是男孩。到底谁能赢？商纣王说：“这简单，把那个怀孕的妇女拉过来，用刀子剖开她的肚子，一看不就明白了吗？”结果这位孕妇是惨遭毒手，一尸二命！太残忍了！按现在来说商纣王这是反人类罪，他哪里是人，分明是魔鬼啊！

于是天下大乱，很多人受不了，起来反对商纣王。最厉害的一拨就是周武王姬发领导的，这叫武王伐纣。他振臂一呼，四方响应，周武王伐纣大军浩浩荡荡就渡过了黄河，在殷都附近的牧野举行誓师大会，列举了商纣王很多罪状，最后带领大军要进行决战。

商纣王现在被周武王打得快没兵了，眼看人家打到城池底下了，怎么办？赶紧地把一些奴隶、罪犯全都给召集起来，给他们发了兵刃，让他们去抵抗周武王，双方在牧野就展开大战。

这一打，再看商纣王这边的奴隶、罪犯纷纷倒戈，矛头一转冲向殷都，怎么？阵前倒戈了，我们不跟周武王打，我们要打商纣王，因为你把我们欺负苦了！让我们为你卖命？对不起，我们要宰了你！

纣王一看大势已去，赶紧逃回朝歌，携带宝玉逃上了鹿台，自知罪孽深重，点了把火，自焚而亡。

周武王是商纣王的臣，做臣子的把君主给杀了，这在古代按说是弑君大罪，名声不好。但为什么大家都赞同周武王呢？就是因为商纣王残害百姓、暴虐无道，这就是孟子所说的“一夫”，一夫就是独夫、独夫民贼。孟子认为对这种独夫民贼你不要怜惜，杀了他不算弑君，你不但没罪，反倒是有功于人民。也就说与人民为敌者，人人皆可诛之！

【经典原文】

贼[1]仁者，谓之贼；贼义者，谓之残。残贼之人，谓之一夫[2]。闻诛一夫纣矣，未闻弑君也。

——《孟子·梁惠王下》

【字词注释】

① 贼：名词用作动词，败坏，破坏。

② 一夫：独夫。

【参考译文】

败坏仁爱的人叫“贼”，败坏道义的人叫“残”。残贼俱全的人称之为“独夫”。只听人说过周武王诛杀了独夫民贼商纣王，从没听人说过他是以臣弑君的。

04

文天祥丹心《正气歌》

“敢问夫子恶乎长？”

曰：“我知言，我善养吾浩然之气。”

1274年，元世祖忽必烈下令进攻南宋。这个时候，南宋的小皇帝才四岁，主持朝政的太皇太后谢道清赶紧命令各地率领军队去临安勤王。当时，文天祥在赣州积极响应，组织了几万名义兵。朝廷就升任文天祥为江西安抚使。

文天祥要带兵勤王，当时有朋友就劝他，说：“你手下这几万人，看着不少，其实都是乌合之众。蒙古军多厉害，连金国那么强大都被蒙古军给灭了，就你这点乌合之众去跟他们打？这不如同赶着羊群去和猛虎相斗吗？我劝你还是别去了。”

文天祥闻言把脸一沉：“现在国家处于危难关头，怎能只考虑个人利益，而不顾国家安危？你别说了，我意已决，我决心牺牲自己性命来保卫国家安全！”

就这样，文天祥带领军队去抵抗元军。但确实打不过元军，再加上孤立无援，最终失败退回临安。

这时，元军已经逼近临安了，朝廷又任命文天祥为右丞相，让文天祥到元营跟敌人谈判——咱能不打就不打。

文天祥来到元营，慷慨陈词、不卑不亢，严厉斥责了敌人侵犯南宋的侵略行为，坚贞不屈是拒不投降，结果被敌人给扣留了。

1276 年 3 月，元军攻占临安，谢太后和小皇帝都被元军俘虏，文天祥和他们一起也是被押往大都。但是在半道之中，他趁元军防备不严，跑了。在老百姓援助之下，他从海上南下，到达福州，和张世杰、陆秀夫等联合在一起，坚持抵抗元军。抵抗了两年后，有一次，文天祥在海丰北面的五岭坡遭到元军的突袭，又不幸被元军俘虏。

元军将领要文天祥给张世杰写信，劝张世杰投降，但遭到文天祥严词拒绝。当押解文天祥的船来到零丁洋的时候，文天祥感慨万千，挥笔写了著名的《过零丁洋》的诗篇：

辛苦遭逢起一经，干戈寥落四周星。
山河破碎风飘絮，身世浮沉雨打萍。
惶恐滩头说惶恐，零丁洋里叹零丁。
人生自古谁无死，留取丹心照汗青。

公元 1279 年 2 月，南宋和元军的海军在崖山决战，南宋军队大败，陆秀夫背着年幼的皇帝投海自杀。那位说怎么又有皇帝了？这是另立的。这一投海，南宋王朝灭亡了。

这年 10 月，文天祥被押解到元朝大都，关押在监狱当中。这监狱狭窄、潮湿、阴暗，在这里文天祥受尽了各种残酷的虐待和摧残，元朝统治者用尽各种手段，软硬兼施，逼劝文天祥投降。但是文天祥始终怀着忠贞报国的坚定志向，誓不降元！

有一次，元朝统治者派来已经投降的宋朝丞相留梦炎过来劝降文天祥。但文天祥严厉斥责了他卖国求荣的可耻行为，揭露了他厚颜无耻的丑恶嘴脸。

还有一次，元朝派丞相博罗亲自来审问文天祥。文天祥是立而不跪，凛然正气，“杀我就杀我，何必多说！”

元朝统治者一看硬的不行来软的吧。把文天祥的妻子、儿女押到大都，让他们写信劝文天祥投降，想要动摇文天祥的意志。但文天祥仍然是不因私情而忘民族大义。

最后没办法了，元朝皇帝忽必烈亲自出马，用高官厚禄引诱文天祥投降。文天祥仍然是坚定不移，说：“我宋朝已然灭亡，我作为臣子应当以死报国，除了一死之外没有什么可做的了！”

元朝统治者一看，对待文天祥实在没辙了，干脆把文天祥处死。

文天祥面对死亡是凛然不惧，他在狱中写了一首《正气歌》来表达自己坚贞不屈、视死如归的高风亮节和情怀。

《正气歌》是这么写的：

天地有正气，杂然赋流形，
下则为河岳，上则为日星，
于人曰浩然，沛乎塞苍冥，
皇路当清夷，含和吐明庭，
时穷节乃见，一一垂丹青。

文天祥这种不畏惧强暴、坚贞不屈的大丈夫气概和坚守浩然正气的高尚气节，恰恰是我们中华民族伟大精神的体现。“我善养吾浩然之气”也是我们中华民族的祖先留给后世的宝贵财富！

【经典原文】

“敢问夫子恶乎[1]长？”

曰：“我知言，我善养吾浩然[2]之气。”

——《孟子·公孙丑上》

【字词注释】

①恶（wū）乎：疑问代词，“何所”之意。

②浩然：盛大而流动的样子。

【参考译文】

（公孙丑）说：“请问夫子擅长哪一方面呢？”

（孟子）说：“我了解言辞，我善于培养自己的浩然之气。”

05

晏子借彗星谏齐景公

乐民之乐者，民亦乐其乐；忧民之忧者，民亦忧其忧。
乐以天下，忧以天下，然而不王者，未之有也。

晏婴是齐国名相，尤其在齐景公的时候，他辅佐的时间最长，多次劝谏贪图享乐不顾国政的齐景公，有的时候犯颜直谏，有的时候笑言讽谏，都收到很好的效果。晏婴这个人又同情老百姓的疾苦，力行节俭，反对统治者的奢靡生活。

话说齐景公三十二年（公元前 516），天上出现了彗星出现了。古人没有科学知识，把彗星称为扫帚星，认为彗星出现就会给国家带来灾难。所以，一看彗星出现了，齐景公就特别忧愁。这天连声叹息，看看自己漂亮的亭台，彗星出现了，看来我齐国将有大灾，我这漂亮的亭台不知道将归何人所有？他这么一叹息，眼泪还掉出来了。

国君一流泪，群臣文武在旁边看着也发酸，有泪没泪的都往外挤。别人都在哭的时候，突然间有个人是哈哈大笑。齐景公特别不满，这谁呀？这么不识时务！抬起头来这么一看，谁乐呢？晏子！

“晏婴你笑什么？大家都在哭，怎么唯有你在笑？眼见着国家将有大难，你就这么不忧愁吗？”

晏婴说了：“我笑不为别的，我是笑群臣太谄媚于你了，这些都是佞臣！”

齐景公一听，你这是什么话？别人陪我担忧，他们倒成佞臣了？“你没看见吗？彗星出现在咱们齐国，寡人为此担忧。”

晏婴不屑地一笑：“这个你担忧什么。你看看你平常干的事吧。你平常为了你的私欲叫老百姓给你搭建高台，给你挖造深池；而且为了你自己的小金库是不断地敛财，唯恐少得那么一分两毛的；你怕老百姓不干，你就加大你的刑罚力度，唯恐不敬。就你干的这些事，闹得老百姓民怨沸腾，本来老天爷就得给你降凶兆，所以，来个彗星还有什么可怕的？”言下之意，你要担心彗星降灾，你平常就少作点呗。

齐景公被晏子这么一说，脸上发烧，就问晏子：“可以攘除吗？”过去人迷信，就问来的凶兆能不能给它破解。

晏婴说：“如果说这神灵可以靠祈祷而来，那么说这个灾兆也可以攘除而去。但是，你别忘了，现在这不是一个彗星半个彗星的事，是天下老百姓怨恨者数以万计。老百姓都对你不满，他们每个人都在诅咒你。说句不好听的，这天上的灾象就是他们诅咒过来的。那么多老百姓诅咒你，你靠一个人——找个巫师、神汉的，跳大神儿就会攘除了？那怎么可能！一个人的力量怎能胜过众人之口。”言下之意，你要想免除这种灾祸，你就得好好地对待老百姓。乐民之乐，忧民之忧，你不能够老乐己之乐，忧己之忧，不顾老百姓的死活。要是这样统治的话，即便是老天不降凶兆，老百姓早晚也得把你推翻。

【经典原文】

乐民之乐者，民亦乐[①]其乐[②]；忧[③]民之忧[④]者，民亦忧其忧。乐以天下，忧以天下，然而不王[⑤]者，未之有也。

——《孟子·梁惠王下》

【字词注释】

① 乐：动词，以……为乐。

② 乐：名词，欢乐，快乐。

③ 忧：动词，以……为忧。

④ 忧：名词，忧愁。

⑤ 王（wàng）：名词用作动词，称王，实现王道。

【参考译文】

（统治者如果）把老百姓的快乐当成自己的快乐，老百姓也会把统治者的快乐当成自己的快乐；（统治者如果）把老百姓的忧愁当成自己的忧愁，老百姓也会把统治者的忧愁当成自己的忧愁。与天下的人共同欢乐，与天下的人共同忧愁，这样的统治者如果不成功，是从来没听说过的事情。

06

晏子与唐太宗闻过则喜

子路，人告之以有过，则喜。

春秋时期有一个人叫高缭。高缭为人谨慎，在齐国国相晏子手下做官，一直做了三年，没有犯何的错误。结果你猜怎么着？国相晏子无缘无故地把这个做了三年没犯任何错误的官给辞退了。

很多人不明白，有人就问晏子了："这是为什么？这不是一个好官吗？"

晏子微微一笑，说："我就是一个不中用的人，就如同一块弯弯曲曲的木头，要想成材，好比将用墨斗来弹，弹好了线，拿斧子来削，用刨子来刨，这么一来，才能把我打造成一件有用的器皿。每个人都会有自己的毛病和缺点，但是如果别人不给予提示的话，你自己是看不到的。而这个高缭在我身边足足待了三年，看见了我所有的过错，却从来一字不提，没给我提出任何的意见，没给我提出任何可以改进的策略，像这种人对我有什么用处呢，我还要他待在我身边干吗？所以，我把他给辞退了。”

你看，晏子那就是一个非常喜欢别人指出他过失的人，他也是一直在指出国君齐景公的过错。所以，他认为指出上司的过错是手下的责任，否则就是没有尽到自己的责任，那就毫无用处的。

唐太宗李世民为什么被誉为千古明君？就是李世民擅于纳谏，闻过则喜。

贞观十八年，唐太宗对满朝文武说了：“现在，朕想听一听自己有何过失。你们要畅所欲言，专谈我的缺点，我才高兴。”

这个时候，领头大臣长孙无忌和很多大臣都说了：“陛下您以恩德教化，使天下太平，有何过失？您是明君，您哪有缺点？”

唯独侍中刘洎说了：“陛下盛德，确实像长孙无忌他们所言。但是近来有人给陛下上书，如果陛下觉得人家上的书不称心，就对人家当面诘难，让上书者惭愧退下，这可不是一个好习惯。如果长此以往这样发展下去，那上书者肯定要挑陛下您喜欢的说，不喜欢的人家就不说，这不是褒奖进言之路，您这个地方有问题。”

唐太宗闻言非常高兴，说：“你说得对，我一定改正！”

正是由于唐太宗能够任用贤能，从善如流，闻过则改，才开创了贞观之治的盛世。

【经典原文】

子路[①]，人告之以有过，则喜[②]。

——《孟子·公孙丑上》

【字词注释】

① 子路：名仲由，字子路，孔子著名的弟子之一，为人刚直，好勇力。

② 本句是“闻过则喜”成语的出处。

【参考译文】

子路听到别人指出他的过错，他就高兴。

07

朱元璋鄱阳湖之战

天时不如地利，地利不如人和。

元朝末年天下大乱，由于元朝统治者对老百姓实施苛政，老百姓全起来造反了，各地掀起了推翻蒙古贵族和地主阶级残暴统治的武装斗争。

经过多年的战争，有的起义军失败了，有的起义军发展壮大了。发展壮大的起义军中，在长江流域中下游就有两支最强的武装力量，一支是陈友谅领导的，另外一支是朱元璋领导的。这两支军队一方面各自进行反元战争，另外方面彼此之间也有矛盾，谁不想统一天下，自己称皇帝，矛盾越来越激化，终于在1363年，两支军队在鄱阳湖展开了决战。

当时陈友谅占据着咱们现在的江西、湖南、湖北三省的全部地区，兵多将广，实力雄厚。他决定沿长江东下，并且与占据江苏东南面的另外一支由张士诚领导的起义部队约定，要合攻应天（今南京），想一举把朱元璋消灭。

朱元璋当时是以应天为根据地，占据着现在的江苏、安徽、浙江三省的部分地区，力量也是一天天发展壮大。

经过几场战斗之后，朱元璋的地盘是一天天扩大，陈友谅的地盘是一天天缩小，形势发展越来越有利于朱元璋而不利于陈友谅。陈友谅气坏了，我非得把你这个朱元璋给灭了不可！他就征调了大批铁工木匠，重新建造大型战船数百艘。这些船太高了，高数丈，上中下三层，每层都能够跑马。船身上刷上红油漆，最大的战舰能够装下一千多人，小的也能够载几百人，这就是那个时候的航空母舰啊。陈友谅把战船打造好了，点起所有军队号称六十万，浩浩荡荡杀向洪都（今江西南昌）。到达洪都之后，登岸围城。

洪都的守将叫朱文正，派兵分门据守。陈友谅命令将士们拼命攻城。双方在这里展开了攻守战，一直打了八十五天。这次战况十分惨烈，直到这年七月，朱元璋率领二十万大军前来营救，这才解围。陈友谅把大军开到鄱阳湖去迎战朱元璋。

陈友谅的实力在那儿摆着呢：人数众多，船舰高大，兵力上、武器装备上处于优势。

面对强敌，朱元璋把水军分为十一队，每队都配备火铳、长弓、大弩，作战的时候，先发火铳再射箭，最后就是白刃战。朱元璋部下大将徐达首先率军出战，击败了陈友谅的先锋部队，杀死了一千五百人，缴获了一艘大型战船，是胜利归营。这下

漢
朱

子，朱元璋军士气大增，但是再往后对朱元璋不利了。

有一次战斗，陈友谅的勇将张定边都冲到了朱元璋乘坐的战舰前面了，由于水浅，朱元璋的战舰搁浅了动弹不了了。牙将韩成在这紧要关头，为了保护朱元璋脱险，自己穿戴好朱元璋的衣服，冒充朱元璋投水自尽。陈友谅军队一见朱元璋投水了，放松了围攻，利用这个空隙，朱元璋这才脱险。

但是，虽说朱元璋有的时候处于险境，在战斗当中，朱元璋也看出了陈友谅联舟布阵、动作不灵的弱点，就采取了部将郭兴的建议，用火攻来战胜敌人。朱元璋就命令这些水军拿着火炮、火铳、火箭、火蒺藜等各种火器，同时发射，焚烧敌军大船。又命令一些灵活小船，上面装满了芦苇、火药，周围排列了身披甲胄、手拿武器的草人，猛一看，还以为是真人，其实这是伪装。然后再拴上一条小船，干吗？这得有人放火，放完火赶紧乘坐小船跑。

一切装备好了，朱元璋就命令敢死队伍架上七条火船，冲向了陈友谅的船队，乘风点火，发起火攻。

七条小船像七条小火龙似的窜进敌军船队，同时朱元璋水军也一起发出了各种火器。好家伙，顿时之间，是风助火势，火借风威，浓烟迷漫，烈焰腾空！把鄱阳湖湖水都照得通红了。陈友谅军烧的烧死、淹的淹死，被俘的、投降的那就无数了。朱元璋命人不许杀害俘虏，对受伤的要给予治疗，然后把他们全部放回。这么一来，争取了不少陈友谅军的将领和士卒，包括陈友谅的侍卫长左右金吾将军都前来投降了。

从战争开始到结束，朱元璋一直身先士卒，亲自指挥将士坚持战斗，虽然身边的卫士都战死了，但是仍然不敢后退一步。最后又经过几次战争之后，陈友谅战死，其势力被彻底铲除。

鄱阳之战是朱、陈两军决定生死存亡的大会战，朱元璋最后取得了完全胜利，为他平定江南奠定了基础，也为他进一步北上灭元和最终统一中国建立大明王朝，做了必要准备。

这次战争之后，有一次开军事会议，朱元璋分析了双方胜败的原因，为什么我弱而我却打胜了呢？他说了：“天时不如地利，地利不如人和，归根到底打仗靠的是人。陈友谅虽然人多船多，但是内部不团结，人各一心、上下猜疑，而且连年用兵，老是打败仗，不会积蓄实力，不擅于捕捉有利战机，以致最后失败。我军之所以能够取得胜利，那是因为既掌握了时机，又能够将士一心，得了人和。因此鄱阳湖之战就像鸷鸟捉鸡，使陈友谅巢卵俱覆！”

【经典原文】

天时[①]不如地利[②]，地利不如人和[③]。

——《孟子·公孙丑下》

【字词注释】

① 天时：指时令、气候、政治环境等。

② 地利：指地理地形等。

③ 人和：指人事和协、民心和乐的程度。

【参考译文】

有利于作战的天气、时令，比不上有利于作战的地理形势；有利于作战的地理形势，比不上作战中的人心所向、内部团结。

08

蔺相如完璧归赵

富贵不能淫，贫贱不能移，威武不能屈，此之谓大丈夫。

战国时期，赵国国君赵惠文王得到了一块绝世美玉，称为和氏璧。这和氏璧可以说是普天之下的一块至宝，说它价值连城，都说小了。它不仅是连城，连好几座城人家都不换。

这件事被秦国的秦昭襄王知道了，秦国在当时被称为虎狼之国，虎视眈眈就想灭掉关东六国，哪个国家都怕秦国，秦国特别蛮横。秦昭襄王得知之后，就派使者带着国书，见到赵惠文王就说了："我家秦王情愿拿出十五座城池来换这块和氏璧，希望赵王您能答应。"那意思是您答应也得答应，不答应也得答应。

赵惠文王一听为难了。怎么呢？你说给这秦国和氏璧吧，他又害怕，因为秦国向来是说了不算、算了不说，把这宝璧给它，十五座城池人家未必给你，到那个时候你还翻不了脸，打不过秦国。不给又怕得罪秦国。怎么办呢？召集文武大臣商量半天，派谁出使秦国能够完成这样的任务：要么把城池给换来，要么完璧归赵。

这个任务特别艰巨，大家你看我、我瞅你，没一个敢站出来说："我能够当使者，愿意去秦国完成这个任务。"

问了半天，最后有个宦官就对赵王说了，"王上，我有一个门客，叫蔺相如，他是个挺有见识的谋士。我想让他去秦国还是可以的。"

"好啊！"赵惠文王一看没一个人愿意去的，现在有一个就不错了，就这么着任命蔺相如为使者，怀抱着和氏璧来到了秦国咸阳。

秦昭襄王听说赵国送和氏璧来了，乐坏了："太好了！"马上召见了赵国使臣蔺相如。

"你带来和氏璧了？"

"带来了。"

"让寡人看看。"

蔺相如把这和氏璧交给秦昭襄王，双眼紧盯着秦王的表情。秦昭襄王接过来看了半天，确实是块美玉，非常高兴："大家都看看，都看看……"他把和氏璧递给左右，让这些文武大臣都传看了一番。秦国大臣一个个挑大拇哥，交口称赞。这大臣传看完了，昭襄王又吩咐，让这后宫的美人也都传看一番。又给这些美人轮流看了一遍。大家越看越高兴，都给秦昭襄王贺喜，秦昭襄王乐得北都找不到了。蔺相如一个人被晾那儿了。

蔺相如冷眼旁观，等了半天，一看这秦昭襄王让大家看这美玉，就跟他自己的一样，根本不提什么交换十五座城池。看起来人言不虚，秦王没有什么诚意，他就是想霸占这块玉，根本不想给我们十五座城池。蔺相如想到这里，迈步向前，来到秦昭襄王近前，施了一礼："秦王，这块玉璧虽说特别好，但是美玉微瑕，上面有一点点小毛病，一般人看不出来。"

"是吗？"

"对，我指给大王看。"

"好，快把玉璧拿过来，让赵国使者指给寡人看看，哪地方有微瑕？"

就这么着，把这和氏璧又捧过来给蔺相如了。蔺相如一拿到和氏璧，"噔噔噔"倒退几步，这背就靠着朝堂上大柱子了，虎目圆睁，剑眉倒竖，怒发冲冠，脸色狰狞。他高高地把和氏璧举过头顶，冲着这大柱子。

秦昭襄王一看："哎！你这是何意？"

"大王派使者到敝国送国书的时候，说是情愿拿十五座城池来换这块和氏璧。赵国大臣都说了，这是秦王骗人的话，千万不能答应。但是我对我家王上说，大国的君王哪能不讲信义？我们不能够瞎猜疑。大王这才斋戒了五日，然后派我把这和氏璧给秦王您送来了，这是一件多么郑重的事情。但是大王您拿着和氏璧，随随便便叫左右传看，还送到后宫去给这些女人们玩弄，没把它重视得像十五座城池一样。从这一点上看，我就知道大王没有交换的诚意。如今和氏璧在我的手里，大王要是逼我的话，我宁可把我的脑袋和这块玉璧一同撞碎在这柱子之上。”说着话，蔺相如举着玉璧对着柱子就要砸。

秦昭襄王一看，这是宝贝啊：“大夫千万别误会，我哪能说话不算数？这城池都准备好了。来呀！取地图来。”有人取过地图。秦昭襄王就指着地图上：“你看这十五座城市是这个、这个、这个、这个……”点着给蔺相如看。“我这十五座城池全给你准备好了，你把和氏璧给寡人，十五座城池我就送给赵国。”

蔺相如一听，谁信你的鬼话：“好。不过我家赵王为了这块玉璧斋戒了五天，又在朝堂之上举行了一个很隆重的送玉璧的仪式。那么大王也应当斋戒五天，然后再举行一个接受玉璧的仪式。要这么郑重其事地尽了礼，我才敢把和氏璧奉上。”

秦昭襄王心说话，反正你也跑不了：“好，就这么办，咱们五天后举行仪式！”

就这么着，秦昭襄王让人把蔺相如护送到馆驿休息。

蔺相如回到馆驿这么一琢磨：如果过了五天仍然得不到这十五座城池怎么办？干脆，我把这玉璧送回去吧。他就偷偷地叫了一个手下人扮成买卖人的模样，把和氏璧包着藏在怀中，从小道儿神不知鬼不觉地跑回赵国去了。

这边五天之后，秦昭襄王召集了大臣们，还有几个在咸阳的别国的使臣，大家都过来参加接受和氏璧的仪式。

这个时候，朝堂之上非常严肃，蔺相如不卑不亢走向殿来，对着秦昭襄王行了大礼。秦昭襄王一看，蔺相如怎么双手空空，这玉璧盒子呢？

"蔺大夫，寡人已经斋戒五日了，今天就举行接受玉璧的仪式吧。"

蔺相如乐了："大王，秦国自穆公以来，前后二十几位君主有没有一个讲信义的？孟明视欺骗了晋国；商鞅欺骗了魏国；张仪欺骗了楚国……"蔺相如把过去的事一桩桩一件件全摆那儿了，完事之后他说了，"这么多人欺骗了那么多国家。所以，我实话实说，我也怕受到欺骗。这玉璧被你们骗走，地我拿不到了，我对不起赵王。所以，我现在已然把和氏璧送回赵国去了。"

"什么？"秦昭襄王一听，"你竟敢戏弄寡人！你该当何罪？把他给我捆了！"

刚想动粗，蔺相如把眼一瞪："谁敢！请大王息怒，让我把话说完了。天下诸侯都知道，秦是强国，赵是弱国，天下只有强国欺负弱国，绝没有弱国欺负强国的道理。大王真想要那块和氏璧的话，很简单，请大王先把那十五座城池交割给赵国，然后打发使者跟着我一块到赵国，去取那块和氏璧。赵国得到十五座城池之后，绝不能不顾信义得罪大王。好在今天各国的使者都在这里，他们都知道是我得罪大王，而不是大王欺负了弱国的使臣。我的话说完了，大王愿杀愿剐，悉听尊便。"

秦昭襄王一听，蔺相如说得不卑不亢，有礼有节，他脸又变过来了："我哪能欺负先生？和氏璧也不过是一块玉璧，咱们秦、赵两国，不能为了这点小事伤了和气，你回去吧。"

这就是有名的蔺相如完璧归赵。

【经典原文】

富贵不能淫[1]，贫贱不能移，威武不能屈，此之谓大丈夫。

——《孟子·滕文公下》

【字词注释】

① 淫：惑乱。

【参考译文】

富贵不能惑乱他的思想，贫贱不能改变他的操守，强权暴力不能屈服他的意志，这才叫大丈夫。

09

将相和的故事

古之君子，过则改之。

公元前279年，秦王和赵王在渑池相会。赵国大臣蔺相如在会议上机智勇敢，不畏强盗，和这秦王是针锋相对，以牙还牙，以眼还眼，捍卫了赵国的利益和尊严，表现出了高超的外交才能。本来秦王是要出赵国的丑，要威逼赵王答应一些条件，结果让蔺相如弄得灰头土脸，阴谋破产。那赵王当然非常高兴了，回国之后拜蔺相如为上卿。

蔺相如这个地位一下子升了好几节，就排在了赵国老将军廉颇之上，把廉颇给气坏了：怎么的？我是咱们赵国大将，我拼了命替咱们赵国打仗，立下无数战功。可以说为了赵国，我们真的是抛头颅洒热血，在死人堆里爬出来的，我们这功劳是实打实的用脑袋换来的。现在可好，这个蔺相如过去不过是个宦官手下的门客，就仗着一张嘴，渑池之会，把这秦国说败了，他就得了光荣了？一下子成了上卿了，还爬在我头上来了。我不服！蔺相如啊蔺相如，你别碰在我手里，如果有朝一日你碰到我手里，我让你好看！

廉颇不光心里想，而且给自己的门客、同僚经常这么说。说来说去，有人就把这话传到了蔺相如耳朵眼里去了，说："大人，这个廉颇要给你难看，要找你麻烦。像这种人你能饶他吗，你得整整他呀！"

"哪能这样！"蔺相如一听，既然廉颇你这么对待我，看着我不顺眼，干脆我就生病得了。怎么还生病得了？他就装病，不去上朝，我不跟你见面不就完了嘛。就是有公事，蔺相如也老是躲着廉颇走，不跟这廉颇照面。

蔺相如手底下人一看："我说大人呀，您是上卿您干吗那么胆小？这个廉颇有什么能耐？他不就是个大将嘛，一介匹夫！您至于这么怕他吗？"蔺相如对于这些话就当没有听见。

有一天，蔺相如带着一队随从出门去了，坐着车远远就瞧见廉颇的马车也过来了，两者相向而行。

蔺相如一看："前方那车队是谁的？"

有人说了："那是老将军廉颇的。"

"赶紧的！"

"怎么了？"

"把咱的车赶到旁边的小胡同里去，咱去那里躲一躲，让廉老将军的车先过去。"

这下子，蔺相如的门客和底下人都气坏了。他们几个一商量，就派出代表去见蔺相如，说："大人，我们抛家舍业，大老远地来投到您门下，图什么呢？不就是因为我们敬重您嘛。可是，现在我们看，不是那回事！您和廉颇是同僚，您的地位比廉颇又高。他到处骂您，您却害怕他，在朝廷之上不敢跟他见面，半道之上碰见他了像避猫鼠似的到处躲藏。您都这样，让我们这些当下人的怎么做人啊？我们怎么面对廉颇他们家的下人？如果长期这么下去，人家还不得骑在咱们脖子上？我们是小人，我们气量小，要您这样的话，那对不起，我们不能跟着您干了，我们只好告辞，我们回家行不行？"

蔺相如一听这话，赶紧拦住，说："各位，你们先别回去，你们得理解理解我。"

"我们不能理解，我们不明白你这是为什么？"

蔺相如就说了："各位，我问你们，廉老将军跟秦王相比哪一个厉害？"

"这没法比，当然是秦王厉害，天下诸侯没有不害怕秦王的。"

"着哇！秦王厉害，但是我就敢在秦国的朝堂上当面责备他，我不害怕秦王。那么我见了廉老将军，怎么会反倒害怕了呢？你们替我抱打不平，难道我自己就没有火气吗？不是。"

"您要有火气，您得跟他对着干啊！"

"不行！各位要知道，强大的秦国为什么不敢侵犯咱们赵国？不就是因为咱们同心协力、上下一条心吗？如果我们相、将

和

不合，我们打起来了。老百姓讲话：耗子动刀枪——窝里反了。咱们内部不合，秦国必然会趁机来侵犯赵国。所以，我宁愿容让一点，忍气吞声。你们想一想，是国家要紧还是私人要紧？咱让他一点不就完了吗？”

门客一听这话，都把大拇哥挑起来了，要么说宰相肚里能撑船，一点不假。

后来蔺相如这番话就传到了廉颇的耳朵眼里去了。老将军廉颇一听，当时脸都红了。怎么？太惭愧了，简直是无地自容。你看人家蔺相如，为了国家利益，人家忍气吞声。人家本来不怕我呀，结果就为了国家利益，人家躲着我走，人不跟我一般见识。我还天天挺牛的，看来我比人家蔺相如差得远了。廉颇越琢磨心里越不是滋味，最后一咬牙，把衣服脱了，袒露上身。

“来呀！给我拿荆条，给我取绳子来！”

门人一听：“拿那玩意干吗呀？”

“绑在我身上，我要到蔺上卿门前请罪！”

就这么着，廉颇是负荆请罪，见到蔺相如“扑通”就跪下了，说：“相国，俺廉颇是一个没有见识、气量狭小的糊涂人，没想到您能够这样宽恕我，我现在前来负荆请罪，您是打也打也得，骂也骂得！”

蔺相如赶紧双手相搀，把廉颇扶起来了：“老将军请起，您何罪之有啊？”

将相二人相视大笑。

将相相和，成为生死与共的好朋友，整整十年间，秦国不敢出兵攻打赵国。

【经典原文】

古之君子，过则改之。

——《孟子·公孙丑下》

【参考译文】

古代的君子有了过错就改正。

10

诸葛亮挥泪斩马谡

爱人不亲，反其仁；治人不治，反其智；礼人不答，反其敬——行有不得者皆反求诸己，其身正而天下归之。《诗》云："永言配命，自求多福。"

蜀汉建兴六年（228），蜀汉丞相诸葛亮统兵带队讨伐中原，在祁山安营扎寨。魏主曹睿令大将张郃为先锋，和司马懿率领二十万大军一同前往，抗拒蜀军。

司马懿说了："秦岭之西有一条道路叫街亭，旁边有一座城池名曰列柳城，这两个地方是汉中的咽喉要道，诸葛亮定然会从此地进军，咱们应该直接去取街亭！当诸葛亮知道我们断了他的要路，绝了他的粮道，必然会连夜奔回汉中。他要是一回兵，咱们马上从小路出兵截击，必能大获全胜！如若不回兵，我们把这个要路把守住，一月之内，诸葛亮的蜀兵必然断粮，他就只能束手就擒。"人家定好计策，分兵行动。

诸葛亮在祁山得知司马懿已经同张郃引兵出关，大吃一惊：司马懿了不得，他如果统兵必取街亭，来切断我蜀军的咽喉要道。那么我必须派一员上将镇守街亭，不能够让司马懿计谋得逞。“谁愿意去镇守街亭？”

这个时候一向得诸葛亮喜爱的参将马谡马幼常自愿请战。

诸葛亮就对马谡说了：“街亭虽小，事关重大，倘若有失，咱们将会全军覆没。幼常你虽然深通谋略，但那边既没有城郭又没有险阻，很难坚守。”

马谡说：“丞相，我自幼熟读兵书，悉知兵法，哪能够连一个小小的街亭也守不住？”

诸葛亮说：“你且莫如此大意，司马懿不是等闲之辈，张郃也是魏之名将，我恐怕你不是他的对手。”

“丞相，甭说是司马懿、张郃，就算是魏主曹睿亲自来，我也不怕！丞相如若不放心，我马谡愿以全家性命担保！”

诸葛亮一看马谡把话说到这份上了，就没有什么话可说了，只得说：“军中无戏言。”

马谡说：“愿立军令状！”

当时马谡就立下军令状了。诸葛亮就拨给了马谡两万五千精兵，还不放心，又派大将王平辅助马谡一同前往镇守街亭。

结果怎么样？到那里，马谡不听王平劝告，非得要把蜀军扎在山上，他来一个背山一战。结果被善用兵的司马懿把山四面团团围住，困得马谡的蜀兵没有水喝了。马谡军心动摇，最后没办法拼死往下冲，一路杀出来，蜀军大败，街亭、列柳城先后失守，咽喉要道被敌人控制。诸葛亮没办法，扼腕长叹，北伐失败，只得率兵退回汉中。

马谡被别人保着，还不错。逃回来了，自知罪大，让人把自己双手绑住，入帐跪下，向诸葛亮请罪。

诸葛丞相看着马谡，又心疼又心恨："我再三嘱咐你，街亭是蜀军得胜失败的关键所在，你押上全家人的性命，接受了这个重任。现在你不听王平的劝说，导致全军败退。丢城失地，损兵折将，这全都是因为你的罪过。如果不按照军法处事，今后你让我怎么能够服众？来呀，推出去斩首！"一声令下要杀马谡。

马谡以头磕地，泪如雨下："丞相，您对待我马谡就像父亲对待亲生儿子一样，我也把丞相当成了自己的父亲。我犯了死罪，死而无怨，只是希望您能把我的儿子培养成才，不要因为他父亲的罪过而不任用。只要您把我的儿子能够抚养成人，我就能安眠于地下了。"说着话，是放声大哭。

诸葛亮本来就很爱惜马谡之才，一看马谡哭成这样，诸葛丞相也是泪如雨下："幼常，我和你有兄弟一般的情谊，你的儿子就是我的儿子，你不用挂念了。"说完诸葛丞相一拂袖，仍把马谡推了出去。诸葛亮是挥泪斩了马谡！

看到马谡被斩，诸葛丞相不禁失声痛哭，两旁文武纷纷过来劝解，说："丞相，马谡咎由自取，您千万别因马谡之才哭坏了身子。"

诸葛亮掉着眼泪说："各位我不是为了马谡而哭，是我想起了当年先帝在白帝城临终托孤之时，曾经嘱咐我说：马幼常言过其实，不可委以重任。我没有听先帝的话，看错了人、用错了人，导致我军大败，我是为此伤心。"

诸葛丞相一说这话，满营文武无不落泪。

诸葛亮把马谡安葬之后，又认真抚恤了他的妻子、儿女。然后，亲自向后主上书，承认了这次他因为用人不当而造成北伐失败的过错，并且诚恳地请求把自己连降三级。

诸葛亮引咎自责、反省改过的故事，也被后世传为佳话。

【经典原文】

爱人不亲，反其仁；治人不治，反其智；礼人不答，反其敬——行有不得者皆反求诸[1]己，其身正而天下归之。《诗》云："永言配命，自求多福。"

——《孟子·离娄上》

【字词注释】

① 诸："之于"的合音。

【参考译文】

我爱别人却得不到别人的亲近，那就得反问自己的仁爱是否足够；我管理别人，却没有管理好，那就得反问自己的才智是否足够；我礼待于人，却得不到别人相应的礼待，那就得反问自己的礼是否到家——任何行为没有达到预期的效果，都应该反过来检查自己。自身行为端正了，天下的人自然就会归服。《诗经》说："常思虑自己的行为是否合乎天理，才能去追求美好的幸福生活。"

11

暴君夏桀

桀纣之失天下也，失其民也；失其民，失其心也。得天下有道：得其民，斯得天下矣。得其民有道：得其心，斯得民矣。

夏桀是夏代的第十六代君主，也是我国历史上第一个臭名昭著的暴君。他当政期间实行暴政，残害百姓，独断专行，穷兵黩武，穷奢极欲，导致国内外矛盾异常尖锐，人民生活在水深火热之中。

夏桀这个人追求美色，纵欲无度，挥金如土，他的后宫之中挤满了从各地搜讨来的美女，他是终日在后宫寻欢作乐。他宠幸一个美人叫妺（mò）喜。大家请注意，有的书写作“妹喜”是不对的。“妺”这个字的右边是一个“末”字而不是“未”字。

夏桀对妺喜是宠爱无比，百依百顺。为了讨妺喜的欢心，整整花了七年在都城大兴土木，兴建亭台楼榭，雕梁画栋，金碧辉煌。就修这玩意得动用多少百姓？而且他还得观看由三千名美女组成的舞蹈班子，日夜跳舞。当他听腻了音乐的时候，就命令百姓每天进献一百匹帛、丝绸让宫女们用力撕裂，他觉得这种声音太好听了，这是世上最美妙的声音。不仅如此，他生活十分奢侈，吃遍山珍海味，为了他一个人的饮食，成千上万的人给他种菜、捕鱼、酿酒、烹饪。

他经常喝一些清澈的美酒，一旦发现这个酒浑浊了，“这是谁酿的？哪个厨师做的？马上给我宰了！”一声令下就把人给杀了。一喝醉酒，逮着人就当马骑，他也不管你什么人，抓住谁就塞在自己胯下当马骑，任意侮辱。

夏桀残酷压榨国内百姓，同时还把魔爪伸向了邻国，掠夺人家邻国的奴役、财宝，践踏别国的百姓。邻国诸侯对夏桀稍有不满，就会遭到夏桀的兴兵讨伐。

那些忠直大臣向他进谏：“陛下，您要改正改正生活，您的生活态度得端正一下，生活上要节俭一下，不要劳民伤财。”

夏桀闻听，冷笑数声：“我是天下之主！我拥有天下就如同天上一定有太阳一样！难道说太阳还会没有吗？”他把自己就比作天上的太阳。

但他哪知道，他的这种凶狠残暴耗尽了民力，刮尽了民脂民膏，榨干了老百姓血汗。天下百姓苦不堪言，一个个愤怒地咒骂夏桀说：“你这个狠毒的太阳，你哪天才能完蛋？你不是说天上就你一个太阳吗？我们宁可和你这个太阳同归于尽！我们也不要你这个太阳。”

哪里有压迫，哪里就有反抗。夏桀的残暴统治激起了国内外民众的反抗，他日益陷入众叛亲离的境地。

这个时候，商汤趁机兴兵讨伐夏桀。夏桀战败，被流放到了南巢，不久就死在了那里，夏王朝也宣告灭亡。

夏桀残害百姓，失去民心，众叛亲离，导致灭亡，这就是孟子所说的“桀纣之失天下，失其民也；失其民，失其心也。得天下有道：得其民，斯得天下矣；得其民有道：得其心，斯得民矣”。后世人把这句话总结成一句通俗的话，叫：“得民心者得天下，失民心者失天下。”

【经典原文】

桀纣之失天下，失其民也；失其民，失其心也。得天下有道：得其民，斯[1]得天下矣。得其民有道：得其心，斯得民矣。

——《孟子·离娄上》

【字词注释】

①斯：连词，同“则”，就。

【参考译文】

夏桀、商纣之所以失去了天下，是因为失去了人民；（他们）失去人民，是由于失去了民心。得天下有办法：得到人民，就能得到天下了；得人民有办法：赢得民心，就能得到人民了。

嵇康竹林会友

不挟长，不挟贵，不挟兄弟而友。

友也者，友其德也，不可以有挟也。

话说三国时期，魏国有一位文学家叫嵇康，他不但写得一手好文章，而且还特别爱好音乐，特别会抚琴、善吹笛，又是一个非常讲究气节之人，非常爱竹子。他在家乡种了一片竹林，在竹林深处盖了一间竹屋，屋前放了一张竹桌，竹桌上放着笔墨文具和竹笛、瑶琴，另外还有一把竹椅，悠闲独处，读书、写诗、弹琴、吹笛。

嵇康这个人交友更是讲究，经常是以竹量人，不三不四的、不学无术的、没有德行的、没有气节的……对不起，我不跟你交往！时间一长，嵇康就有了盛名，可以说，成为当时天下文人的偶像，有了很多粉丝，来拜访他的人也很多。但，咱说了，嵇康有个性，一般的人他不见，一看有人来访了，经常躲起来，不予

理会。

单说有这么一天，嵇康正在竹林中写文章，突然听到有脚步声音。不好！又有粉丝来了。不想见面，他就想提起笔来写几句拒客诗，然后躲起来，等客人过来一看，这有一首拒客诗，写得很委婉，得了我走了，这客人不就走了嘛。哪知道刚写好一句，这脚步声就近了，来不及了，他扔下笔就钻进竹林深处，躲起来了。

一会来个客人，谁呀？此人姓阮叫阮籍，也是一位名士，也是个很有名气的诗人。走进竹屋一看，没人，他还以为嵇康不在家，很觉得扫兴，转身刚想走，发现这笺之上有一行字，赶紧过来一看，上面写一句诗——“竹林深处有篱笆”，用手一摸，这墨迹还未干。

阮籍很聪明，一看就明白了，这嵇康八成是想写一首拒客诗，没写完。阮籍嘿嘿一笑，我给你补上，提笔在这句诗下边又写了一句——“篱笆难挡笛声转”，写完把笔一放，就在这里坐下来，伸手拿起桌上的竹笛，吹奏起来了。

这一吹不要紧，有很多的人围着这竹林转悠。怎么？都是嵇康的粉丝，不敢进来，不知道嵇康在不在家，一听有竹笛声，呦！定是嵇康在吹笛啊！这些人赶紧循声而来，一会儿又来了五个人，分别是山涛、向秀、阮咸、王戎、刘伶。

这些人过来一看，就见阮籍自己在那吹笛，没见嵇康。就问阮籍：“嵇康嵇先生跑哪去了？”阮籍对着那张诗笺努了努嘴，没说话，微笑着只管吹自己的笛子。

大家过来一看，诗笺两句诗，明白了，这是要联句，那快排队，一人一句吧。

再说嵇康躲在暗处，本来是想写一首拒客诗，人家看完就把这人打发了，没想到这人是越聚越多，那不能老躲着，肚子也饿了，也想回家吃饭，这怎么办？万般无奈只好出面相会。

阮籍一看嵇康，哈哈大笑："嵇生来，咱们是以文会友，诗笺上你起了头句，看来是叫人来作联诗的，我们都联了一句。你看看我们这些人，值不值得一交，是拒是会，那就看你大笔一挥了。"

嵇康一笑，走过来拿起诗笺一看，就见上面写着：

竹林深处有篱笆，篱笆难挡笛声转。
笛声换来知音笑，笑语畅怀凝笔端。
笔笔述志走诗笺，笔笔录下珠玑言。
箴语共话咏篁句……

再往下看，已经完了，这什么诗？没最后一句，就是再往下没诗了。嵇康一看这个联诗每句起头之字都是竹字头，心说话：看来，来者都是喜爱竹子之人，值得我一交，于是提起笔来就在下边又填了一句——"篁篁有节聚七贤"。

打这之后，这七个人就成了好朋友了，史称"竹林七贤"。

他们在竹林里聚会，无话不说，无所不谈，互相结下了深厚的友谊。

嵇康竹林会友的故事，正是孟子说的“友也者，友其德也，不可以有挟也”这句话的真实写照。

【经典原文】

不挟[1]**长，不挟贵，不挟兄弟而友。友也者，友其德也，不可以有挟也。**

——《孟子·万章下》

【字词注释】

①挟：倚仗。

【参考译文】

不倚仗年龄大，不倚仗地位高，不倚仗兄弟的势力去交朋友。所谓交朋友，交的是品德，不能够有什么倚仗。

13

齐人有一妻一妾者

人不可以无耻，无耻之耻，无耻矣。

孟子讲过这么一则故事。说有一个齐国男人，娶了一妻一妾，因为在中国古代的时候是男权主义，实行一夫一妻多妾制，所以，他娶了俩老婆。但，这人你也不知道他干什么工作的。每天一大早就外出了，然后回来的时候，一身酒味、满脸通红、肚子挺老高，一副酒足饭饱的模样。然后，东倒西歪、醉醺醺地迈进大门。“我回来了！”这位喝得不少。

妻子赶紧来扶，问啊：“你这都天天的跟谁喝啊？”

“跟谁喝？嘿嘿！我告诉你！跟你丈夫喝酒的都是一些有钱有势、地位显赫之人！”

妻子看看小妾，小妾看看妻子，两个人面面相觑，也不知道丈夫到底出去跟谁喝的，但是天天如此。

时间一长，有一天，妻子悄悄地对小妾就说了：“你说咱这丈夫每天吃得晕了吧唧回到家里，酒足饭饱。每次我都问他跟谁吃喝，他都说跟一些有钱有势的人在一起吃喝。但是，我怎么从来没见过有什么有权有势的人物到咱们家来？我觉得这里面不对头，有毛病！我就想悄悄地跟着他，看看究竟他到了什么地方去了。”

“行啊，但你可得小心点！”

“你放心吧。”

就这么着，第二天清晨，这妻子就尾随着丈夫出门了，跟在丈夫身后躲躲闪闪，怕丈夫发现，一路窥探丈夫的行踪。她尾随着丈夫走遍了全城，看到丈夫光往前走，没跟任何人说话，没到任何地方去，就在城里转了一圈。妻子很纳闷，这是要干吗去？接着跟吧。跟着丈夫再走就出了城。出城之后，再看自己的丈夫，鬼鬼祟祟，溜溜达达，就来到了城东郊外的墓地。

每天都有祭扫亲人墓地的扫墓人啊。这丈夫就走到那些扫墓人面前，一脸谄媚的笑颜，干吗呢？向这些扫墓人乞讨剩余的祭品。谁家上坟不带一点祭品呢？有点心、有酒都带着，那死人又不会吃，这东西就是表达哀思的，有的人拿回家去了，有的就放在坟墓前。这位就厚颜无耻地向扫墓人乞讨剩余的祭品。有的人一看，这大老爷们的，伸一次手也不容易，得了！这块饼给你吧！这有半瓶酒给你吧！这有俩点心给你吧……就给了这人了。再看这丈夫一点也不嫌寒碜，双手抓起来祭品狼吞虎咽，“吧嗒”一口饼，“吱喽”一口酒，在那大吃大喝起来，不一会就把坟墓前的碗碟舔得干干净净。一看这座坟的祭品给吃完了，旁边还有一座，再吃旁边的，又到旁边的坟前去乞讨去了。

这一幕全被他妻子看在眼里。妻子这才恍然大悟：闹了半天，这就是丈夫每天吃饱喝足的真实情况。他跟什么权贵喝酒去了！他是跟一帮死人喝酒来了！不思进取、反以为荣，真是厚颜无耻！

齐人的妻子心如刀绞，转身深一脚浅一脚回到家中，就向小妾讲述了丈夫的丑行。妻子说："丈夫是咱们俩一心仰望而终身依靠之人。没想到他居然这般无耻！"于是妻、妾两人就在庭院之中，一边失望地哭泣，一边痛心疾首地咒骂。

这齐人还不知道呢，吃饱喝足之后，哼着小曲，"我回来了！"喷着酒气他又回来了。

妻子问："你上哪去了？"

"我跟权贵喝酒去了！"

还在这儿吹呢！这叫什么？这就叫"人不可以无耻，无耻之耻，无耻矣"！

【经典原文】

人不可以无耻，无耻之耻，无耻矣。

——《孟子·尽心上》

【参考译文】

译文一：人不可以没有羞耻，没有羞耻的耻辱，真是无耻啊！

译文二：人不可以没有羞耻。从没有羞耻到知道羞耻，就可以免于羞耻了。

耿弇有志者事竟成

有为者辟若掘井，掘井九轫而不及泉，犹为弃井也。

东汉开国皇帝刘秀称帝之后，渔阳太守彭宠、涿郡太守张丰、东莱太守张步也各自称王，这样对刚刚建立的东汉政权形成了很大威胁。

这个时期，刘秀手下建威将军、云台二十八将排行在四的耿弇就对刘秀说了：“陛下，臣的父亲耿况现在在上谷，兵强马壮，力量雄厚，臣想前去调集军队，先平彭宠，再破张丰、张步，铲除这些祸患。”刘秀就点头同意了。

本来耿弇首先想要打渔阳，结果在行军途中，他发现涿郡太守张丰力量较弱，干脆我先灭掉张丰得了。当时，征虏将军祭遵率耿弇及朱祐、王常共同攻击张丰。祭遵兵先到，急攻张丰的老巢涿郡，张丰的手下捉住张丰投降，就把张丰处决了。

彭宠原来跟着张丰狼狈为奸，勾串一气。张丰一死，他是独木难支。耿弇乘胜前进，汉兵长驱直入。彭宠也在众叛亲离的情况下，企图弃城逃命，但是被自己家奴给杀了。

张丰、彭宠被平定之后，耿弇挥师东下，渡过黄河直取张步。这张步的势力原比张丰、彭宠强大，他就派将军费邑在历下（今山东济南）以重兵防守，又在泰山一带驻起营垒，准备和耿弇决一死战。

耿弇了解到费邑的布兵情况之后，就觉得这个仗是个硬仗，如果跟他硬打硬拼，难以取胜。干脆我来个调虎离山之计，我挥师东进攻打巨里城，这么一来，他一定得领兵来救。

果真如此，耿弇一领兵去打巨里城，费邑赶紧率领三万精兵去救巨里，结果中计了。人家耿弇其实就领了三千士兵佯攻巨里城，大部分将士都埋伏在巨里城外山岭当中，专等这费邑前来钻口袋了。结果费邑一脚就踏入耿弇的伏击圈，全军覆没，他本人也被乱军杀死。耿弇乘胜攻破济南，逼近张步的根据地剧县。

张步现在恼了，孤注一掷，把二十万大军全部投入战斗，这次战斗是空前激烈、残酷，双方都杀红眼了。耿弇身先士卒，不避箭矢，左冲右突，结果一箭飞来，正中耿弇大腿，当时耿弇疼得眼前一黑，你想一个尖的铁锥子钉在谁身上，谁受得了？但是为了不影响士气，耿弇把牙关一咬，左手抓住箭杆儿，右手挥刀，就把这箭杆儿给斩断了，然后继续作战。一直打到天黑，双方鸣金收兵了。耿弇撑不了了，将士们这才知道耿弇早已经身受重伤了。

这个时候，刘秀率兵接应过来了，进入山东准备亲自增援耿弇。耿弇就对将士们说了："各位！大家知道吗，为了增援咱们，皇帝陛下亲自领兵来了。咱们身为陛下的将士，怎么能够让皇上冒危险亲自上战场？咱应该在皇上未到之前，以战斗的胜利来迎接陛下！"这一鼓气，全军将士士气高涨。

第二天蒙蒙亮的时候开战了，从早晨一直杀到傍晚，张步损失惨重。他一看大势已去：这个耿弇太厉害了，不要命了？跑吧！张步逃跑了，从此一蹶不振，这支势力再也威胁不到东汉政权了，耿弇取得胜利。

皇上刘秀高兴，大摆庆功宴。在宴席上，刘秀感慨地对耿弇说："将军身经百战，所向披靡，即便是当年的韩信复活，见到将军也会叹服的。想当初，你向我请求平叛重任的时候，我还忧心忡忡。现在你的目标都已经达到了，这真是有志者事竟成！"

这则故事就告诉我们，做事情如果持之以恒、坚持不懈，就一定能够获得成功，千万不要因为目前的困难吓倒，否则的话很容易功亏一篑。

【经典原文】

有为者辟[1]若掘井，掘井九轫[2]而不及泉，犹为弃井也。

——《孟子·尽心上》

【字词注释】

①辟：同“譬”，譬如。

②轫：同“仞”，古代量词，七尺曰仞。

【参考译文】

做事好比掘井一样，掘到六七丈深还没有见水，仍然只是一口废井。

15

动物学家与犀牛

尽信《书》，则不如无《书》。

话说在一个大草原上，这天中午，有一位动物学家和一头犀牛不期而遇。

动物学家一看是犀牛，心里“咯噔”了一下子。怎么呢？因为书上说了：犀牛一旦嗅到可疑的气味，就会往散发气味的地方狂奔过来，横冲直撞。那犀牛还了得吗？鼻子上的牛角用“咣”一撞，这人就得粉身碎骨。

开始动物学家是异常紧张，但仔细一看，动物学家又乐了，怎么呢？就见眼前这头犀牛在那不断地晃脑袋摇头。动物学家这一下子，心又放在肚子里头了，眉头也舒展开来了。

当时，犀牛背上站着一只犀牛鸟。犀牛鸟是什么呢？犀牛鸟是犀牛的好朋友。原来你别看这犀牛的皮肤非常坚厚，但皮肤的褶皱之间却是又嫩又薄。于是一些体外的寄生虫和一些吸血的蚊虫就乘虚而入，从这个地方把它们的口器刺进去，来吸食犀牛的血液，弄得犀牛是又痒又痛。但除了往自己身上涂泥，能够防御一点这些昆虫叮咬之外，犀牛没别的好方法。那怎么办？自然界就这么神奇，就有一种鸟，它会成群结队地落在犀牛背上，不断地啄食着那些企图吸犀牛血的害虫。这么一啄犀牛浑身舒服，当然就很欢迎这些会飞的小伙伴。另外除了帮助犀牛驱虫之外，犀牛鸟对犀牛还有一种特别的贡献。犀牛你别看嗅觉和听觉很灵敏，但视觉特别差，是近视眼。要是有敌人逆风悄悄前来偷袭，就很难察觉到。它察觉不到，犀牛鸟却能察觉。一见那敌人来了，犀牛鸟就会上飞下窜叫个不停，提醒犀牛注意。犀牛就会采取防范措施了。所以犀牛和犀牛鸟是一对好朋友。

现在犀牛鸟一看这个动物学家乐了，它赶紧提醒动物学家："动物学家，我家主人的脾气可喜怒无常，你最好在我家主人未动之前先动，你赶紧跑吧！"

动物学家一听哈哈一笑，一伸手从背后背的书包当中掏出一本书来，气定神闲，一晃脑袋，一拍这本书，"你放心吧，不会有什么危险的！为什么呢？看见没，这本书叫《犀牛习性科学研究指南大全》。在这本书里第十二章第十二节有分析，说犀牛摇头无非有两大重要信号：其一，摇头说明它对另一方没有敌意，它不会主动进攻另一方；其二，摇头说明犀牛可能见到了漂亮的异性，因发情而摇头。我是人类，它不会连我也感兴趣。所以它摇头只说明第一种情况，就是说明它对我没有敌意，不会主动的进攻我，所以我跑什么？”

犀牛鸟一听，刚想说什么，动物学家赶紧伸出食指竖到嘴前：“嘘！别吭声，安静一点。这正好让我跟犀牛来一次近距离的亲密接触。我要好好研究研究它。”接着动物学家就神情自若地跟这头犀牛对峙起来了，两眼盯着犀牛两眼，犀牛瞪着牛眼也盯着动物学家，两者相持了一分钟。

这犀牛突然就“嗷”的一声，猛然一下子冲过去了，一脑袋正顶在动物学家身上。“我的妈呀！”动物学家被顶出去三里多地去，摔倒在地，身上是多处骨折。动物学家倒在地上，“呸！呸！”怎么？牙齿被顶掉好几个，吐着断牙，他还不服气，手里还紧握着那本《犀牛习性科学研究指南大全》哪。

“怎么会这样？这本书上明明说，明明说……”

这个时候，犀牛鸟飞过来了，飞在动物学家脑袋上面，盘旋几圈，失望地摇摇头：“你呀你呀，我本来想告诉你，我家主人刚才不是在摇头，而是在驱赶钻进耳朵里的一只苍蝇。大科学家，我告诉你，听孟子的话吧，尽信《书》不如无《书》，可怜哪……”它飞走了。

【经典原文】

尽信《书》[1]，则不如无《书》。

——《孟子·尽心下》

【字词注释】

① 书：原文指古籍《尚书》。今引申为一切理论知识。

【参考译文】

完全相信《尚书》，那还不如没有《尚书》。

鲁班学艺

梓匠轮舆能与人规矩，不能使人巧。

话说鲁班年轻的时候，决心访名师，学习世上最高的木匠技艺。

哪地方有名师呢？有人说了，在终南山上住着一个精通木匠手艺的神仙。于是，鲁班便告别父母，来到终南山，果然发现有三间平房，推门一看，这屋子里头，破斧子、烂刨子堆了一地，连个插脚的地方都没有。再看有一张床，床上躺着一个须发皆白的老头，正在呼呼大睡。鲁班心说话：这位老师傅一定就是精通木匠手艺的神仙了。他赶紧悄悄把这破斧子、烂刨子全都收拾起来，收在一个木箱子里头，然后规规矩矩地站在那里，等这老师傅醒来。

一直等了一天，太阳要落山了，老师傅这才睁开眼睛：“你是谁呀？”

鲁班赶紧跪倒在地："老师傅，您收下我这个徒弟吧，我愿意跟您学习木匠活。"

"你叫什么名字？从哪来？"

"我叫公输班，从万里以外的公输湾来。"

"哦，那我要考考你，你要答对了，我就把你收下。答错了，你怎么来的，还怎么回去。"

"老师傅，没问题，您问吧，我今天答不上来，我明天再答，哪天答上来，老师傅，您哪天就收我做徒弟。"

这小子还跟我讲条件。"好，我问你：普普通通的三间房子，有几根大柁？几根二柁？多少根檩子？多少根椽子？"

鲁班一听这难不倒："普普通通的三间房子，有四根大柁，四根二柁，大小十五根檩子，二百四十根椽子。五岁的时候，我就数过，师傅，您看对不对？"

老头点点头："那我再问你：一件手艺，有的人三个月就能学会，但有的人三年才能学会，学三个月和学三年，有什么不同？"

鲁班想了想："老师傅，学三个月的，手艺扎根在眼里。学三年的，手艺扎根在心里。"

老头又点点头："我再问你个问题：两个徒弟学成了手艺下山去，师傅送给他们每人一把斧子。大徒弟用斧子挣下一座金山，二徒弟用斧子在人们心里刻下了一个名字。你愿意跟哪个徒弟学？"

鲁班听完二话没说："愿意跟第二个学。"

老头闻听哈哈大笑，手捻银髯，把头一点："好吧，你都答对了，我把你收下，可以向我学艺了。但是，向我学艺得使用我的家伙，我这些家伙已经五百年没使用过了，你拿去修理修理吧。"

鲁班赶紧把刚才收拾的木箱子里的家伙又拿了出来。这一看，斧子崩了口，刨子长满了锈，凿子又弯又秃，那是该修理修理了。他挽起袖子，就在磨刀石上磨，"噌噌蹭蹭……"白天磨晚上磨，磨得膀臂都发酸，磨得两手都起血泡了，又高又厚的磨刀石，最后磨得像一道弯弯的月牙，一直磨了七天七宿——斧子磨快了、刨子磨亮了、凿子磨出刃儿来了，一件件闪闪发光。

老师傅看了是不住点头："好吧，试试你磨的这把斧子，你把门前那棵大树给我砍了，这棵大树已经长了五百年了。"

"是。"鲁班提起斧子来到大树下一看，我的天，这棵大树真粗，几个人都抱不过来。抬眼那么一看，快要顶到天了。砍这树得多少天？那也得砍！抡起斧子吭哧吭哧足足砍了十二个白天十二个晚上，这才把这棵大树给砍倒了，拎着斧子进屋去见师傅。

老师傅又说了："去试试你这把刨子。先用斧子把这棵树砍成一根大柁，再用刨子把它刨光，要光的不留一根毛刺，圆得像十五的月亮一般。"

"是。"

鲁班转过身，拿着斧子和刨子来到门前，一斧子一斧子地砍去大树的枝枝桠桠，一刨子一刨子地刨平了树干上的节疤，足足干了又是十二个白天十二个黑夜，这才把这根大柁刨得是又圆又光。他又拎着斧子和刨子去见老师傅。

老师傅又说了："试试你磨的这把凿子，你在大柁子上给我凿 2400 个眼，600 个方的，600 个圆的，600 个三棱的，600 个扁的。"

"是。"鲁班拿起凿子和斧子，来到大柁旁边就凿开了，他吭哧吭哧凿了一个眼又一个眼，凿的木屑乱飞，足足又凿了十二个白天十二个黑夜，2400 个眼全凿好了，600 个方的，600 个圆的，600 个三棱的，600 个扁的。他拿着斧子和凿子，又去见老师傅。

老师傅笑了："好孩子，我现在敢于把全套手艺都交给你了。来，随我来。"

说着，把鲁班就领到了西屋，一看这西屋里摆了很多模型，有楼、有阁、有桥、有塔、有桌、有椅、有箱、有柜，各式各样精致极了，都是小模型。鲁班把眼睛都看花了。

老师傅笑着说："你把这些模型拆下来，然后一个个再给我安好，每个模型都要拆一遍，安一遍，自己专心学，手艺就学好了。"老师傅说完就走了，没有教鲁班。

鲁班拿起这件又看看那件，一件也舍不得放下，他把模型一件件拿在手里，翻过来掉过去看。每一件老师傅让他拆一遍，安一遍，但是鲁班都认认真真地拆了三遍，安了三遍。每天饭也不顾得吃，觉也不顾得睡。老师傅早上来看他，他在琢磨；晚上来看他，他还在琢磨；老师傅催他睡觉，他随口答应，可是还放不下手里的模型。

就这么着，鲁班苦学了三年，把老师傅的所有手艺都学会了。这老师傅还要试试他，一把火把这些模型全烧了："给我重建！"

鲁班凭记忆一件一件地都造了出来，跟原来一模一样。

老师傅还出难题："给我造新模型。"提出很多新模型让鲁班造。

鲁班一边琢磨一边做，结果都按照老师傅的样式给做出来了。老师傅是非常满意。

单说这一天，老师傅把鲁班叫到跟前："徒儿，三年过去了，你的手艺学成了，今天下山去吧。"

鲁班"扑通"跪倒在地："师父，不行，我的手艺还不精，我还要再学三年。"

"人世上任何一门学问，你是永远都学不完的，活到老学到老，你自己边做边学吧。但是，你要时刻记住一句话：要掌握任何手艺都必须经过自己的艰苦努力。下山去吧。"

鲁班舍不得离开师父，可是知道师父不肯留他了，哭着说："我给师父留点什么东西？"

"孩子，师父我什么都不要，只要你下山之后不丢师父的脸、不坏师父的名声就够了。”

“是，师傅。”鲁班含泪拜别师父下了山。

他永远记住师父的话，用师父给他的斧子、刨子、凿子给人造了许多的桥梁、机械、房屋、家具，还带出了很多的好徒弟，留下了很多动人的故事。结果后人都尊鲁班为木匠、瓦匠的祖师爷。

鲁班学艺的故事告诉我们，要掌握高明的技艺，必须经过自己艰苦的努力。作为任何一门技艺的师傅，孟子认为，他们能把规矩、标准教给别人，但是不能够使别人一定具有高明的技巧。学习的人要想掌握高超的技艺，必须经过自己的实际努力。这种强调人的实际努力的思想，对鼓励人们学习知识技艺，加强道德修养，不断攀登高尚的道德精神境界，都具有积极的意义。

【经典原文】

梓匠[1]轮舆[2]能与人规矩，不能使人巧。

——《孟子·尽心下》

【字词注释】

① 梓匠：木工。

② 轮舆：制车轮和木箱的人。

【参考译文】

能工巧匠能够教会别人技能规矩，但不能使人心灵手巧。

17

隋文帝节俭治国

养心莫善于寡欲。

隋朝的开国皇帝叫杨坚。他革除前朝北周王朝的苛政，对人民百姓施行了缓和政策，法令轻简、节俭治国，从而获得了民心。

隋文帝实行节俭治国，反对铺张浪费，积极节制自己的欲望。他之所以要把节俭当作治国的法宝，是因为他长期生活在上层贵族当中，深切地认识到贵族那种奢侈糜烂的生活既消磨了人的意志，使人养成了懒惰享受的坏习，又会对百姓搜刮太凶，激起民众反抗，这些都是导致国家灭亡的祸根。

隋文帝为扭转这种习气，力行节俭。首先从自己做起，他在做辅政大臣的时候开始提倡节俭生活，做了皇帝就更加注意了。自己居住的地方非常简单朴素，不像别的皇帝那样，宫廷非常璀璨辉煌、富丽堂皇、排场奢靡，不那样。他还下令让嫔妃们都穿着普通的布衣，不许穿华丽娇艳的服装。隋文帝乘坐的车子都是旧车子，就是坏了也不肯换新的，而是让工匠们修理修理，继续使用。平时所吃的饭菜也非常简单，也就是几样素菜，每餐的荤菜只能有一样，多了就必须撤掉，谁要是敢给自己加荤菜，就要惩罚今天的厨师。

有一次，相州刺史豆卢通进宫拜见隋文帝。这个刺史拍隋文帝马屁，想讨好皇上，准备了很多的绫罗绸缎。

“陛下，微臣特地带了一些好衣好料，献给陛下享用。”

他以为隋文帝会夸他，哪知道隋文帝把脸一沉：“朕奉行节俭政策，难道你不知道吗？来啊，给我拉下去，重打五十大板！”

“是！”两旁侍从一下子把这刺史按倒在地，噼里啪啦打了五十棍子。打得那家伙屁滚尿流、无地自容。

隋文帝仍然不解气，吩咐一声：“把这绢帛全部给我烧掉！”一把火，就把这些绫罗绸缎给烧了。从这火光当中，人们就看到了隋文帝推行节俭政策的决心，看到了隋文帝严于律己的精神。

正因为隋文帝带了个好头，下面的人也就不敢违反了，所以节俭的政策得到了有效的实施，时间长了，就形成了一种良好的风气。当时一般的读书人，平常所穿的衣服都是普通的粗布，佩戴的衣饰也都是一些用铜、铁、牛骨之类的东西做成的。说我戴金子吧、戴银子吧、戴个大钻戒吧，戴上去被人瞧不起，为什么？人家会说你：你这人太不朴素了！所以，从人们日常生活细节上，就能看出当时崇尚节俭的社会风气。

隋文帝躬行节俭，对百姓疾苦就有较深的体察，对改善政治就有了良好的前提。他每天亲自上朝处理各种政事，一大早入朝到太阳西下这才下朝，虽然十分辛苦，但隋文帝始终做得认认真真，不敢有丝毫的怠慢，把疲倦、劳累全都抛在脑后。有的时候，他坐着车子外出视察，只要在路上见到了拿着状子要去上告的人，就命令随从停下马来亲自过问一番，打听打听是怎么回事。有的时候，还悄悄派出一些人去，去观察民情风俗、百姓疾苦，考核各地官员的政绩得失，来了解社会的真实情况。

有一次关中地区闹灾荒了。隋文帝听说百姓就吃一些豆皮、米糠，眼泪下来了，把这些豆皮、米糠拿出来给大臣看，深深自责。

“你们看看，老百姓吃的就是这种东西，这哪里是人过的日子，朕对不起百姓啊。”

为此，他把平时已经较为简单的饭菜又减去不少，并且不喝酒了、不吃肉了，这样做将近有一年时间。除此之外，他还亲自带领饥民到洛阳去寻食度日，命令城中卫兵见到逃荒的人，不允许驱赶、不允许逼迫他们。有的时候，隋文帝见到父老携幼的人群，就把马匹拉在一旁让出道来，请百姓先走。

隋文帝崇尚节俭，养心寡欲的政策，对隋朝的经济发展，产生了重要作用。他崇尚节俭、坚持寡欲，而治理好国家的故事，在中国历史上被传为美谈，再次证实了孟子“养心莫善于寡欲”的论断。

【经典原文】

养心莫善于寡欲。

——《孟子·尽心下》

【参考译文】

修养心性，没有比减少欲望更好的办法了。

18

周亚夫军细柳营

离娄之明、公输子之巧，不以规矩，不能成方圆；

师旷之聪，不以六律，不能正五音。

周亚夫是汉初名将。汉文帝二十二年（公元前158），北部的少数民族匈奴进犯大汉的北部边境。汉文帝赶紧调边将镇守防御。为了警卫京师，汉文帝就派了三路军队到长安附近抵御守卫。这三路军队分别是刘礼驻守在灞上、徐厉驻守在棘门、河内太守周亚夫驻守在细柳。所以周亚夫的部队，后来被称之为“细柳营”，就是这个原因。

汉文帝为了鼓舞士气，决定亲自到三路军队驻地去犒劳慰问。首先汉文帝先来到了灞上，看了看刘礼的部队，再来到棘门瞅了瞅徐厉的部队。结果到灞上也好，到棘门也好，这两处军队一听说皇上亲自来了，都不用通报了，看到皇帝马车来了，赶紧主动放行。而两地的主将直到汉文帝到了，这才知道消息，慌里慌张盔歪甲斜地就迎接出来了。汉文帝检阅完毕要走，这两员将领也是亲率全军把皇帝送到了营寨门口。对此，汉文帝倒也没说什么，接着去检阅细柳营。

汉文帝可能怕周亚夫再不知道，于是就派出一队人马："你先给我去通知，在前面开道去吧！"

这前面开道的人骑着快马就来到了细柳营外，刚想往里闯，"站住！"被守军门的守卫给拦住了，长戈大戟十字插花就挡那儿了："站住，你们是谁？"

开道的一瞪眼："就我们这穿着打扮，你们还看不出来吗？我们是皇上的先驱部队，过来报信的。告诉你们，天子马上就要到了，让我们进去！"

"不行！"守卫挡住就是不让进，"我家周将军有令，在军队里头只听周将军的号令，不听其他人的指令！"

"你们耳朵有毛病吧，没听清楚？我是皇上派来的！"

"对不起，在军中只听军令，你不能进去！"

"嘿……那我们要是非闯呢？"

"胆敢闯军营者，按军法处置，杀无赦！"

先驱部队一听，一吐舌头，看来我们平常作威作福在这里行不通，这周亚夫治军那么严。"那好吧，我告诉你们，天子马上就到，赶紧命令你家周将军做好迎接天子的准备，听到没有？"

守卫根本就没搭理他。你算哪根葱？你的命令不是军令！

不是军令，对不起，我们是聋子宰猪——听不到你瞎哼哼。这先驱部队一看，人家不搭理自己，臊眉耷眼地回去了。

过了一会，汉文帝的銮驾到了，来到门口站住。

卫兵十字插花长戟大矛又戳那儿了："不能进！"

给汉文帝驾马车的恼了："谁不能进，你们长眼睛了吗？这可是天子，当今的圣上！"

"对不起，这里是细柳营。没有军令，任何人不得进营！"

"不是这……"刚想理论，这时候汉文帝说话了："什么事？"

这人赶紧过来向汉文帝告状："这细柳营的将士太不像话了，看到陛下您的车銮，居然不让陛下进军营。臣等正待与之理论。"

"哦……是这么回事。"

汉文帝手捻须髯，点点头："好吧，你拿着符节昭告周将军，说朕想进入军营，慰劳军队。"

这人一听："皇上，你给这周亚夫好大的面子。"

"快去，休得啰唆。"

"好。"

这位拿着符节到了门口："看见没有？皇上给的符节，赶紧向周亚夫将军禀报！就说我有要事相告，问他见不见我！"

守卫一看符节，说："你等着，我们回去禀告一声。"

时间不大，守卫回来了："我家周将军有请。"

"哼！"这人大摇大摆走进去，见到了周亚夫。

周亚夫一看符节，知道皇上来了，赶紧传达命令："大开军营，三军列队，迎接圣上！"

"嘎拉拉……"大木门一打开，汉文帝的侍从松了一口气，怎么的？终于打开了，不然的话，让皇上吃闭门羹去？快往里走，催马刚想进营。

"慢着！"守营门的又给挡住了。

"怎么还拦我们？"

"我家周将军有规定，在军营内不许策马奔驰！所以希望你们规矩你们的车马，不要走那么快，不要发出剧烈的声响。"

"你们细柳营的规矩可真多。"

这时汉文帝又听到了："就按细柳营的规矩办，你们拉着缰绳缓缓前行。"

"是！"皇上都说了，那咱就别拧了，拉着马，拉着车，慢慢地往前走。

进了军营不多久，就发现周亚夫带着满营的军将，手持兵刃来迎接汉文帝。到了文帝面前，拱手作揖，没有一个跪下的。

周亚夫说了："臣等迎接陛下！由于臣等盔甲在身，不能全礼，请允许臣等以军礼参见陛下！"说着话，满营众将是插手施礼，好不威风。

汉文帝看到周亚夫，又看看细柳营，一个个将士如生龙活虎一般，盔明甲亮，威风凛凛，排列整齐。汉文帝当时表情也变得十分庄重，手扶着车辇前的横木，称谢说："朕今天来慰劳将军了。”说完，开始检阅军队。

慰劳了细柳营之后，汉文帝告辞离去。一离开细柳营，这些群臣都炸了锅了：“我的天哪，这细柳营了不得，怎么那么多规矩？”

汉文帝这个时候感叹了一声，把大拇哥一挑：“周亚夫这才算是真正的将军！咱们前面所经过的灞上和棘门的军队，那简直像儿戏一般。如果人家匈奴用偷袭的办法，很容易就把这灞上和棘门的将军给俘虏了。但至于周亚夫将军，谁能够冒犯他呢？”汉文帝对周亚夫是赞叹不已。

一个多月后，匈奴兵退去了，文帝命三路军队撤兵，就升了周亚夫为中尉，掌管京城的兵权，负责京师的警卫。后来汉文帝病重弥留之际，就嘱咐太子刘启，也就是后来的汉景帝，说：“你以后在关键时刻，可以用周亚夫，他是可以放心使用的将军。”

汉文帝去世之后，景帝登基，爆发了七国之乱。正是景帝升任周亚夫为太尉，领兵平定了这场叛乱。

【经典原文】

离娄[①]之明、公输子[②]之巧，不以规矩，不能成方圆；师旷[③]之聪，不以六律[④]，不能正五音[⑤]。

——《孟子·离娄上》

【字词注释】

① 离娄：相传为黄帝时人，目力极强，能于百步之外望见秋毫之末。

② 公输子：即公输班（亦作“般”“盘”），鲁国人，所以又叫鲁班，古代著名的巧匠。被后世木匠、泥水匠等奉为祖师爷。

③ 师旷：春秋时晋国的乐师，古代极有名的音乐家。

④ 六律：中国古代将音律分为阴律、阳律两部分，各有六种音，六律即阳律的六音，分别是太蔟、姑洗、蕤宾、夷则、无射、黄钟。

⑤ 五音：中国古代音阶名称，即宫、商、角、徵、羽，相当于简谱中的 1、2、3、5、6 这五音。

【参考译文】

即使有离娄那样好的视力，公输子那样好的技巧，如果不用圆规和曲尺，也不能准确地画出方形和圆形；即使有师旷那样聪灵的耳力，如果不用六律，也不能准确地校正五音。

19

中国道德模范廖月娥

老吾老，以及人之老；幼吾幼，以及人之幼。

今天讲一个咱们中国道德模范的故事，这个道德模范叫廖月娥，是1963年生人，湖南省长沙市岳麓区坪塘街道新合村桐冲组村民。廖月娥的身世十分可怜，在她八个月大的时候，就被抱养到原来的太平乡凤凰山村一个廖姓人家，就是说她本来不姓廖，八个月大就被姓廖的养父母给收养了。但是养母多病，养父养活着一家人，得上班，一上班就没办法照顾家庭，所以十三岁的廖月娥初中没有毕业，就已经承担起照顾养母、照料家务的重任，辍学在家干农活，维持生计。有句话叫穷人的孩子早当家，孩提时代廖月娥又以勤劳孝顺赢得了街坊四邻的赞誉。

1981年9月，廖月娥跟丈夫结婚之后，先后养育了两个孩子。夫妻二人用勤劳的双手建家创业、种地养猪、开打米厂，发家致富。廖月娥十分勤劳，一年四季都是忙忙碌碌，好像没有农闲之分，起早贪黑，自己勤俭节约，1986 年跟丈夫盖起了一栋两层楼房。1986 年就盖楼了不得，里里外外打理得井井有条，家庭生活条件也是不断改善。

后来廖月娥知了自己身世，知道现在的父母不是亲生父母，是自己的养父母，廖月娥对他们是更加尊重，懂得感恩。现在养父母都已经年岁大了，母亲本来就多病，父亲也身患高血压，但是廖月娥对多病的父母是悉心照料，直到 1990 年养母病逝，1996 年养父去世。

俩老人送走了，是不是就没有什么负担了？现在有一些年轻人就把父母作为负担了。俗话说得好，久病床前无孝子，在不断追逐物质利益的今天，亲生子女不养爹娘的事例在社会上都有发生。但是人家廖月娥跟他们截然不同，人家作为一名普通的农村妇女，除了敬爱自家老人之外，还坚持关心照料赡养残疾乡邻和孤寡老人。

1982 年 3 月，廖月娥夫妇一看，本村有个五保户，也没有子女，叫廖兴红，年岁太大了，没有人管他，特别可怜。廖月娥就主动把这位老人接到自己家，就跟亲人一样对待他，照顾老人的饮食起居，让老人愉快地度过了晚年，直到 1995 年 4 月，老人八十四岁寿终正寝，廖月娥夫妇为这老人还操办了后事。一时之间，在乡里乡间传为佳话。

结果这事一传开，有人知道了。1998 年正月，长沙市有个瘫痪在床的老人叫周贵山，没人照料，就被人送到廖家来了，说：你们能不能帮着照料？廖月娥一看，这个老人太可怜了，没问题，就住在我家，我来照料他。周贵山老人的病太重了，但最后一年在廖月娥家里享受到了家庭的温暖。

1986年，瘫痪在床多年的同村村民任国华因为父亲的去世，一看爹也没了，也没人照料自己了，我活着干吗？我躺在床上不能动弹，我干脆自杀得了！就失去生活勇气。这事被廖月娥知道了，跟家人商量之后，把任国华接到自己家，就像对待自己亲人一样对待任国华，给他洗衣服、收拾房间、端茶送水、添衣置被，无论寒暑，无论农活多忙，一日三餐总是把热和的饭菜送到任国华面前。任国华患多种疾病，尤其是患了瘸脚病，脚经常流脓水，气味特别难闻，但是廖月娥夫妇从来不嫌弃，亲自为他洗脚。就这样，身患重病的任国华从1986年到2002年去世，在廖月娥家生活了整整16年，一直受到廖月娥夫妇无微不至的照顾，任国华的后事也是人家两口子一手操办的。乡亲们都竖大拇哥，称赞廖月娥夫妇：你看看人家廖月娥。任国华跟人家非亲非故，照料的比亲姊妹、亲兄弟还周到！

到现在还有一位76岁的孤寡老人廖金明住在廖月娥家里，在廖月娥的悉心照料下，老人活得非常愉快。

廖月娥的精神感动了四邻八方，她的言传身教更是感染了自己的孩子。两个儿子从小受到母亲熏陶，养成了高尚的道德品格。小儿子小虎十岁那年，有一次周末回家跟妈妈说："妈妈您今天休息，我来帮你照顾任伯伯。"说完就学着母亲平常的样子，帮任国华洗脸洗手倒尿桶，干得有模有样。廖月娥看了是十分欣慰。

廖月娥赡养多名无亲无故的残疾乡邻和孤寡老人，为他们养老送终，这不是三天两日的事，而是几千个日日夜夜，三十年如一日的事。有人对此不理解，说：你怎么那么傻！但廖月娥总是淡淡一笑，说："这些孤苦无依的人，总是需要有人照料的。只要我做的动，多做一些有什么关系？"

所以，在廖月娥身上，表现出了我们中华民族优良的传统品格。这就是孟子所说的："老吾老，以及人之老。幼吾幼，以及人之幼。"

【经典原文】

老[1]吾老[2]，以及人之老；幼[3]吾幼[4]，以及人之幼。

——《孟子·梁惠王上》

【字词注释】

①老：动词，赡养，孝敬。

②老：名词，老人，长辈。与下一句中的“老”同义。

③幼：动词，呵护，教育。

④幼：名词，子女，小辈。与下一句中的“幼”同义。

【参考译文】

赡养自己的老人，推己及人，也赡养别人的老人；呵护自己的孩子，推己及人，也呵护别人的孩子。

20

红军长征

天将降大任于是人也，必先苦其心志，劳其筋骨，饿其体肤，

空乏其身，行拂乱其所为，所以动心忍性，曾益其所不能。

1934 年 10 月，由于博古、李德等人的“左”倾教条主义错误，中央红军的第五次反围剿失败了。为了摆脱国民党军队的包围，中央红军被迫实行战略大转移，退出中央革命根据地进行转移。长征开始了。

那国民党军队能让你好好转移吗？开始，设立了四道封锁线，天上飞机、地下大炮，那都是先进武器，要全歼红军于湘江！结果红军连续苦战，血战湘江。一战下来，红军开始长征的八万余人，五万人打没了，仅余三万余人啊！干吗拼那么狠呢？原来中央红军想进入湘西，那里有红第二、六军团在活动，中央红军想跟当地的红军结合，这汇合起来力量不就大了吗？这样就连成片了。结果四道封锁线这么-打，再往前走，够呛！人家国

民党军队扯着一个大口袋正等你往里钻，你钻进去不就没了吗？毛泽东这个时候就主张部队应该放弃这种汇合的计划，应该走敌人薄弱的地方，先生存再说吧。

就这样，在血的教训之下，中央红军决定向以遵义为中心的川黔边地区前进，这下子让红军避免了覆亡的危险。

占领遵义之后，中共中央在遵义举行了政治局扩大会议。总结总结吧！总结了第五次反围剿失败的经验教训，纠正了王明"左"倾冒险主义在军事上的错误，还得说毛泽东同志会打仗，你得把毛泽东同志重新请来，确立了以毛泽东为代表的中共中央的正确领导，不能让原来的博古、李德再指挥了，再听他们瞎指挥，红军就完了！幸亏，遵义会议又确立了以毛泽东为代表的中共中央的正确领导，在最危险的关头挽救了红军和中国共产党。

打这之后，毛泽东主持了军事工作，率领红军是四渡赤水！就在赤水河边，红军灵活机动，创造战机，运动作战，拉着敌人转圈圈，最后远远地把几十万国民党军队给甩开了，取得了战略转移当中最具决定意义的胜利！紧接着，红军顺利通过了大凉山彝族区，强渡大渡河、飞夺泸定桥，翻越终年积雪的夹金山，跟红四方面军在懋功会师。然后又爬越了好几座雪山，过了好几次草地，最终到达了陕北，结束了两万五千里长征。

中央红军长征从 1934 年 10 月到 1935 年 10 月，历时 13 个月零 2 天，纵横 11 个省份，长达 25000 里，途中总共爬过 18 座山脉，走过 600 里人迹罕至的茫茫草地，渡过 24 条河流，大小战斗打了300多场。红军战士都是什么情况？头上顶着飞机扔炸弹，下面敌人用机枪火炮一个劲地轰。自己身上衣服单薄，穿着草鞋，甚至赤足。爬雪山、过草地，没粮食吃，把自己的牛皮带解下来，煮这牛皮带吃。有吃的时候就不错了！往往在那恶劣环境和残酷战争当中根本吃不上饭，有的时候睡雪窝，有的时候睡泥地，有的时候冒雨一天走一百几十里路，而且一边走一边跟敌人作战。但，最终，红军还是取得了胜利，使中国革命转危为安！

经过了这一场长征，以后，这支军队可以说战无不胜，那就如同孙悟空在太上老君的八卦炉中锻炼了一回，再次破炉而出，真是铜筋钢骨！最终，领导全国人民取得了革命的胜利，建立了新中国！这不正是孟子所说的“天将降大任于是人也，必先苦其心志，劳其筋骨，饿其体肤，空乏其身，行拂乱其所为，所以动心忍性，曾益其所不能”的最佳诠释吗？

【经典原文】

天将降大任于是人也，必先苦[①]其心志，劳其筋骨，饿其体肤，空乏[②]其身，行拂[③]乱其所为，所以[④]动[⑤]心忍[⑥]性，曾[⑦]益其所不能。

——《孟子·告子下》

【字词注释】

①苦：动词的使动用法，使……苦恼。下句的“劳”“饿”用法一样。

②空乏：形容词的使动用法，使……穷困。空，穷。乏，绝。

③行拂：形容词的使动用法，使……颠倒错乱。拂，违背，不顺。乱，错乱。

④所以：通过那样的途径来，用来。

⑤动：动词的使动用法，使……惊动。

⑥忍：形容词的使动用法，使……坚韧。

⑦曾：同“增”，增加。

【参考译文】

上天要把重任降临在这个人，一定先要使他心意苦恼，使他筋骨劳累，使他忍饥挨饿，使他受尽贫困之苦，使他所做的事情颠倒错乱，用来使他的内心受到震撼，使他性情坚韧起来，增加他原来没有的才能。

21

吴王夫差逸豫亡国

人恒过，然后能改；困于心，衡于虑，而后作；征于色，发于声，而后喻。入则无法家拂士，出则无敌国外患者，国恒亡。然后知生于忧患，而死于安乐也。

春秋时期，吴王阖闾在伍子胥、孙武的辅佐下打败了楚国，成为南方霸主。所以说在当时，吴国是不可一世。吴国跟附近的越国，两个国家是素来不和，经常发生矛盾冲突。

公元前496年，越国的老国君死了，新国君勾践即位，这事就被吴王阖闾知道了。阖闾趁越国国丧之时，发兵攻打越国，吴越就在现在的浙江嘉兴西南这个地方，打了个交锋战。

吴王阖闾本以为可以打个大胜仗，哪料到事与愿违，吴军大败，自己还中箭受伤了，再加上这位上了年岁，拉回吴国之后咽气了。

阖闾临死的时候拉住自己儿子夫差的手就说了：“孩子，不要忘了替父王报越国之仇！”并且托付伍子胥辅佐夫差。就这样阖闾死了，夫差即位做了吴国国君。

夫差一登基，雄心勃勃，发愤图强，不忘国仇，他吩咐臣子手下，要经常提醒自己勿忘国耻、勿忘家仇，提醒自己要强兵富国准备战斗！所以，他每天经过宫门的时候，手底下人就扯开喉咙喊了：“夫差！你忘了杀父之仇了吗？”

夫差听到这里，就流着眼泪说：“夫差不敢忘！”

就这样，夫差苦心经营，操练兵马，终于在两年后发动了对越国的战争。

越王勾践闻听夫差发兵攻越，勃然大怒。他不听大夫文仲、范蠡的劝阻，毅然点兵是迎战吴军。结果打了一个一败涂地，最后勾践也被吴军给兵围会稽。

勾践现在后悔莫及，跟范蠡说：“悔不该不听爱卿之言，才有今日之败，如之奈何？”怎么办？

范蠡说了：“大王，现在没有别的方法了，为今之际只有向夫差投降求和，保全我们自己，再图大计。”

勾践一听，也只得如此了，就派文仲到吴王营里去求和。

文仲见到夫差，把勾践愿意投降的意思说了一遍。吴王夫差打败了越国非常得意，一看勾践想投降，投降就投降吧，一个败军之王，还有什么能耐，寡人留他一条贱命！

“万万不可！”伍子胥是坚决反对，“您这是养虎为患，必须得把他给除掉！”

但夫差没有立刻做决定。文仲回去了，打听到夫差宠臣伯嚭是个贪财好色的小人，就把一批美女、珠宝私底下送给了伯嚭进行贿赂。这一招真灵，伯嚭拿了人家的钱财，就在夫差面前说勾践的好话。最后夫差听信伯嚭的话，不顾伍子胥的反对，就答应了求和。但是，夫差要求勾践要亲自到吴国来，做自己的奴隶。

勾践没办法，忍气吞声地把国家大事托付给文仲，自己带着夫人和范蠡来到吴国。

夫差为了羞辱勾践，就让勾践两口子住在阖闾墓地大门旁边的一间石屋里，让他看屋喂马，做一些奴隶的工作。

越王勾践虽然心里恨不能把这夫差碎尸万段，但是他很会演戏，表面上不动声色，装出一副忠心顺从的模样——夫差出门，他就走在前面牵马坠镫；夫差生病他就在床前悉心照顾；甚至亲自品尝夫差的粪便来查看夫差的病情……夫差大为感动，看到勾践这样悉心照料自己，觉得这位对自己非常忠心。最后夫差一看，算了吧，勾践这个人挺好的，让他返回越国吧。就这样，勾践回到了故土。

回到越国之后，勾践立志要报仇雪恨。不过现在他不是奴隶，又成了一国之君了，他担心自己被眼前的安逸消磨了志气，就在吃饭的地方，挂了一个苦胆，每逢吃饭的时候就先尝一尝这苦胆的滋味。他还把自己高级的“席梦思”给去掉了，那时候有席梦思吗？反正就是国王用的高级褥子去掉，换上了柴草，也叫薪草，就坐在这柴草做的褥子上。还老问自己："勾践呀勾践，你忘了会稽的耻辱了吗？"原来夫差那一套，他又继承过来了，这就是有名的"卧薪尝胆"。他要干吗？他决心要使越国富强起来。

勾践亲自参加耕种，叫他的夫人自己织布来鼓励生产。越国因为遭到亡国的灾难，所以人口大大减少，没人打仗怎么办？勾践就奖励生育，谁生孩子多，有奖励。而且让文仲管理国家大事，让范蠡训练人马，自己虚心听从别人的意见，救济贫苦的百姓。就这样，自力更生、艰苦奋斗、整顿内政、努力生产，逐渐的这越国就了不得了。

但这个时候，吴王夫差变了。怎么变了？吴王夫差凭着军事的力量，打败了周边的小国，当上了霸主，骄傲起来了，犯了骄奢淫逸的毛病。现在一味贪图享乐，不理朝政。国家慢慢地又衰退了。再加上勾践不断地给夫差进献美女，尤其把那最美的美人西施给献上去了。这下子，夫差更加不理朝政了，天天饮酒作乐、花天酒地。那位说："就没人劝？"有人劝，谁呀？伍子胥。但是忠言逆耳，夫差不仅不听，而且最后把伍子胥还给杀了，这下子更没人敢劝夫差了。

可就在这个时候，越国人家通过自己的努力强大起来，勾践带兵就打过来了。吴军缺乏训练，一打就被越国给打败了，夫差想向勾践投降。勾践心说话："我可不能犯当年你的错误了。"夫差没有办法，自杀身亡。这就是"苦心人天不负，卧薪尝胆，三千越甲可吞吴”的典故。

当然了，这场战争谁是正义的谁是非正义的，勾践这个人是好人是坏人，他的艰苦奋斗的目的是好是歹，这些都不是咱们今天讨论的话题，自有历史公论。但就勾践这种卧薪尝胆、艰苦奋斗的精神来说，历来被冠以褒义，被后人所学习所推崇，咱提倡的是这种精神。

对于勾践来说，正应了孟子所说的“人恒过，然后能改；困于心，衡于虑，然后作”。而对夫差来说，那正是下面那句话，“生于忧患，死于安乐”。

【经典原文】

人恒[①]过，然后能改；困于心，衡[②]于虑，而后作[③]；征[④]于色，发[⑤]于声，而后喻[⑥]。入[⑦]则无法家[⑧]拂[⑨]士，出则无敌国[⑩]外患者，国恒亡。然后知生于忧患，而死于安乐也。

——《孟子·告子下》

【字词注释】

① 恒：总是。

② 衡：通“横”。梗塞，指不顺。

③ 作：奋起，指有所作为。

④ 征：征验，这里指憔悴的征验。

⑤ 发：抒发，这里指愤激的言语。

⑥ 喻：知晓，明白。

⑦ 入：名词活用作状语，在国内。下句之“出”，用法一样，表示“在国外”。

⑧ 法家：坚守法度的大臣。

⑨ 拂（bì）：同“弼”，辅佐。

⑩ 敌国：实力相当、足以抗衡的国家。

【参考译文】

人常常产生错误后才能改正；在内心里困惑，思虑阻塞，然后才能奋起作为；愤怒表现在脸色上，怨恨吐发在言语中，然后才能被人所知晓。（如果）一个国家，在国内没有坚守法度的大臣和足以辅佐君王的贤士，在国外没有实力相当、足以抗衡的国家和来自国外的祸患，这样的国家就常常会走向灭亡。这样以后才知道忧虑祸患能使人（或国家）生存发展，而安逸享乐会使人（或国家）走向灭亡的道理了。

海瑞扶棺谏君

虽千万人吾往矣。

在明朝有一个嘉靖皇帝，就是明世宗。这个皇帝迷信道教，二十年不上朝。也就是说二十年明朝的朝廷上面没有皇帝主持工作。这哪行？导致朝政腐败、民生凋零，也没有人敢于犯颜进谏，怕皇帝生气怪罪，那都没人敢说。就有一个人突然跳出来了，谁呀？有名的海瑞海刚峰。

海瑞这个人又刚又直，又拧又轴，是这么一个人。他看不惯皇上天天不上朝。他当时是户部的一个小官吏，按理说职微言轻，轮不上他说话。但是海瑞认为：我既然作为大明臣子，我就有责任向皇帝提出批评！于是海瑞就给皇上嘉靖写了一道奏折，这就是著名的《治安疏》，写完了他要上书。

朋友们、同事们这么一看，我的天！你这不行，这把皇帝骂得太厉害了。这要是交上去，皇帝还不砍你脑袋？

治

海瑞微然一笑："砍脑袋我不怕。"

"怎么呢？"

"你们来看！"

海瑞一指，大家这么一看，就见在海瑞院里停着一口大棺材。海瑞说："瞧见没？棺材我都买好了。皇上如果是个圣君，他就能够接纳我的谏言。如果他不是个圣君，他是个昏君，要杀我。好啊，我死就完了，这有何惧哉？"他不害怕，就把这份《治安疏》给嘉靖皇帝递上去了。

嘉靖皇帝拿到手里这么一读，把鼻子都气歪了，怎么呢？这上面把他骂得太苦了。

海瑞上面说：陛下，我听说您曾经立志要有所作为。但是你没做多久，就被杂乱了的念头引导到别的地方去了。你说你这个人到底是英明还是糊涂？你把你的英明用错地儿了。你以为自己能够长生不老，天天在那里炼丹求道，你说你这不是魔道吗？你富有四海，但是你不爱惜，经常大兴土木，大修宫殿庙宇。你别忘了你是做皇帝的，做皇帝你天天不上班，二十多年不上朝处理政务，导致纲纪松懈败坏，朝廷上下卖官鬻爵都成了风了。你天天倒好，跟那些道士方士在一起炼丹，不跟自己的儿子们相见，人都说你缺少父子之情，你还配当个父亲吗？你还经常猜疑臣下，动不动把臣子们摁下去就打屁股，人们都以为你缺少君臣之礼；你整天在那儿炼丹修道，根本就不回宫，连你那些老婆都不要了，人家认为你缺少夫妻之情。现在，天下官吏贪污成风，军队弱小，水灾旱灾无时不有，民不聊生，导致流民暴乱现象像火烧一样越来越盛。自陛下登基以来，前几年就这样，但还不严重。但是如今，赋税徭役越来越重，各级官吏都效法朝廷，盘剥百姓无度。你倒好，在宫里头，又崇道又修仙，那花的都是钱，那钱都是花谁的？都是花老百姓的？这一花就花了十多年。现在花得都做到极致了。难怪你叫“嘉靖”，嘉靖嘉靖，就是说在你治下老百姓家家都干净，没有钱花！再看看你用的那些帮你管理国家的都是什么臣子？就知道对你阿谀奉承！那贪官严嵩如此，清流徐阶也都这样，屁颠屁颠地天天给你写青词来讨好你，绝对是“举朝之士皆妇人也”！

就这篇《治安疏》，把嘉靖骂了个底儿朝天，骂得这皇帝浑身发抖：这不是把我往死里骂吗？好你大胆的海瑞！别人都不敢来骂，就你敢骂！你这是要学孟子——虽千万人吾往矣啊。现在看，你这是虽万乘圣之君吾往矣！你敢骂我这当朝皇帝？你好大胆子！我看你这不是什么《治安疏》，你这是《求死申请书》，朕非杀了你不可！

一生气把《治安疏》扔在地下，对左右侍从说：“快把这个海瑞给我逮起来！不要让他跑了。”

这时，身旁的宦官黄锦上前劝说：“陛下，这个海瑞向来有傻名，他就是个书呆子。听说他上书之前，自己知道冒犯该死，就买了一口棺材，已经和妻子诀别了。奴仆们也四处奔散，都没留下来，全打发老家回去了。他自己根本不会逃跑，您别着急。”

嘉靖一听这海瑞真够葛的，他又把这《治安疏》给捡起来了，生气归生气，一会儿又看了看，一会儿又看了看，一天反复读了多次。他也知道这海瑞没骂错，人家句句都在理。你别看嘉靖这皇帝挺昏庸，但是他不傻，他就把这《治安疏》留在宫中数月。这位还真有点皇帝的气度，他说："海瑞这个人可和比干相比，但朕不是商纣王，他想成就一个忠臣……"什么叫忠臣？在历史上说某个人是忠臣，有两大标准，一个是敢于犯上进谏，敢给皇帝提标准。另一个，得被这皇帝给杀了。比干就是如此，给这商纣王提意见提烦了，被商纣王给挖了心了，于是比干就成为千古的忠臣了。"这海瑞就想自己也成为千古忠臣，朕偏不给你！你骂朕，朕不杀你，让你成不了忠臣。"把海瑞关起来，始终没杀。

但是，海瑞这种"虽千万人吾往矣"的精神一直成为中华民族最可贵的精神之一。

【经典原文】

虽千万人吾往矣。

——《孟子·公孙丑上》

【参考译文】

（面对真理、大义）纵然有千万人（阻拦），我也一往无前。

23

母亲就是你的活佛

道在迩而求诸远，事在易而求诸难；

人人亲其亲，长其长，而天下平。

很久以前，有一位年轻人，因为家境太贫苦了，所以就觉得是自己的命运不好，得求仙拜佛，只要佛祖菩萨能够被自己感动了，菩萨大发慈悲，自己的生活就能改善。于是，这位年轻人什么都不干，天天烧香磕头、吃斋念佛，求神灵保佑，修这个道，参那个禅，总而言之不务正业。

家里父母一看，这孩子天天神神叨叨的，不务正业，这不魔怔了吗？就规劝孩子。哪知道，年轻人非但不听父母之言，甚至还认为自己没能够求仙得道，自己的功德没能够达到，全都是父母给阻碍的——你们就是我求佛仙的障碍！我不在家待着了，我要出门访道，我一心向佛！

于是，这年轻人在一个黑夜，也没告诉父母，自己偷偷地跑了，要去深山老林找那些有道行的高僧，要求他们能够度化自己成佛。

年轻人一路之上吃的这个辛苦就甭提了，可以说历尽千辛万苦，万里跋涉，终于来到一座深山之内。有人就说了：“在深山当中有一个老和尚是得道高僧、当世的活佛。”年轻人高兴坏了，一路打探，历尽艰辛，终于在深山当中发现一座小庙，在庙里头还真就找到了那位高僧。一看这老和尚眉毛胡子都白了，皱纹堆垒，但是那个气质一瞅就是得道高僧。

年轻人趴下就磕头：“大师，我可找到您了！我为了修道、为了求佛，吃了太多的苦了……”

这高僧很热情地招待了年轻人，问：“年轻人，你打哪儿来？来见我所为何故？”

年轻人就把自己为了求佛而吃的一番磨难全部告诉了高僧。高僧听完他的一番诉说之后，手捻须髯，双眼紧闭，沉默良久，最后把眼睛睁开：“年轻人你要想修道，老衲可以给你指条明路。”

年轻人高兴坏了：“太好了！我愿拜大师为师，专心修道，一心念佛！”

老和尚摆摆手：“与其拜我为师，你还不如亲自去找佛。”

年轻人一听，要我亲自去找佛？顿时双眼闪出亮光来了。“那敢情好！敢问大师，哪个地方有佛？”

“你现在翻回身回家。”

“让我回家？”

“对！在这一路之上，你要发现有那么一个人：披着衣服，神情欣喜而慌张，反穿着鞋子来接你的，这个人就是佛。你要好好地供奉，必成正果！”

年轻人一听，要么人家是高僧，这话不在多，一两句这么一点，你看就能给你指出谁是佛了！“多谢高僧，多谢大师！”磕了仨响头，然后转身起程回家。

这一路之上，他就跟魔怔似的，瞅谁都像佛。怎么呢？大师说了，这路上有佛——“披着衣服，面色欣喜而慌张，反穿着鞋来接我，那个人就是佛，我看哪个是？”这一路上瞅谁，谁都像佛，但是就没发现有那么一个打扮的人。

有一天，他投诉在一户贫寒的农家。你别看这个农家贫寒，但是人家农民家庭非常热情地迎接了他。他还以为这是佛呢，但是仔细一看，由于这位农户太贫寒了，连鞋子都没穿，光着脚的，这不是佛。

又有一天，又投宿在一户富有人家，这富人之家也热情招待他了，但是人家穿绸裹缎，没有披衣服，穿着鞋给自己开的门。

这年轻人未免有些灰心，这一路走来，投宿无数，遇到的人也无数，但就没有发现一个像高僧所说的披着衣服，面带欣喜而紧张的神色，反穿着鞋子来接自己的人。这佛真难见啊！眼瞅着都快到家了，这佛还没出现，年轻人恨坏了。恨什么？肯定是那和尚不愿意收我为徒，欺骗了自己，那怎么办？一路之上身心疲惫，都快累瘫了，先回家休息休息吧。

等到他回到家的时候，已经是大半夜了。年轻人一看家门紧闭，里面都上着闩。年轻人灰心丧气，抬起手来想敲门，又把手缩回来了，怎么呢？想想自己数月之前不辞而别，连给父母说一声都没说就跑出去了，不知道父母多么的担心。现在再回家来，哪有脸面见父母？但是不敲吧也不成，都已经到家门口了。壮壮胆子，鼓了鼓勇气，轻轻地，“啪啪啪……”敲了敲门。

哪知道，深更半夜了，就自己这么轻轻一敲，屋里就传来了一个苍老惊喜的声音：“谁呀？”

“是我，您的儿子。”

“儿子！”父母双亲一听自己数月未见的儿子回来了，是又高兴又惊喜，一伸手抓起衣服，也没看，就往身上一披，灯也来不及点，慌慌张张去开门，慌忙当中连鞋子都穿错了，过来把门闩打开。门这么一拉开：“儿啊，你终于回来了……”

年轻人借着月光一看，父母双亲这个狼狈打扮，不由得泪流满面，立刻觉悟了——原来佛不在远处，就在自己的身边！

【经典原文】

道在迩[①]而求诸[②]远，事在易而求诸难；人人亲其亲，长其长[③]，而天下平。

——《孟子·离娄上》

【字词注释】

①迩：近。

②诸："之于"的合音。

③亲其亲，长其长：前一个"亲"和"长"作动词，后一个"亲"和"长"作名词，宾语。

【参考译文】

大道就在近处而（很多人）却到远处寻找，事情本来很容易而（很多人）却总往难处做。只要人人亲爱自己的双亲，尊敬自己的长辈，就天下太平了。

24

舰长与灯塔

人之患在好为人师。

孟子说“人之患在好为人师”，可能有同学觉得这句话是不是有毛病？怎么呢？你看看王老师也好，你不是老师吗？我们的语文老师、数学老师，不也都是老师？他们也非常愿意教我们。有的时候我们犯错误了，老师们也愿意帮助我们改正错误。那怎么孟子却说“人之患在好为人师”？做人老师难道不好吗？

其实孟子这句话真正的含义是说，有些人老想着用自己的一些观念去改变别人，这就是“人之患”。这句话可以用孔子的另外一句话去作为它的反衬。孔子的“忠恕思想”当中有那么一个最底线，即“己所不欲，勿施于人”——你不想要的东西，别强加给别人。孟子的这番话，说的是“己所不欲，勿施于人”的反面，那就是“己之所欲，慎施于人”——我不喜欢的东西千万别给人家，但是你越喜欢的东西，你越得谨慎地给别人。而往往我们能够做到“己所不欲，勿施于人”，却往往做不到：我喜欢的东西我要谨慎地给别人。往往是我喜欢的东西，我非得要强加给别人，这就是所谓的“人之患在好为人师”——我要改变你，你要用我的思想来指导你的行动！那凭什么呢？这就是“人之患”！

话说在一个恶劣的天气里，能见度极差，有一艘军舰正在海上航行。舰长眼睛不眨地关注着海面上所有的活动。突然，监视哨向舰长报告了：“报告，前面发现灯光，在舰首的右前方位！”

舰长背着手就问：“那是活动的，还是不活动的呢？”

监视哨说了：“不动！”

舰长一琢磨：这就意味着我们与那条船是处在危险的相撞航线之上。于是，舰长就对信号兵发出命令：“发信号给那条船：我们处在相撞的航线之上，请将航向转 20 度！”

“是！”信号兵马上就把舰长的命令给发出去了。

时间不大，对方回应了，回应的很简单——“还是请您转 20 度为好。”

舰长一听，什么？请我转 20 度，我是舰长！“马上发信号告诉他们，我是舰长，请他们转 20 度！”

时间不大，对方回答了：“我是一名二级水手，你最好转 20 度！”

舰长气得暴跳如雷，怒气冲天，歇斯底里地喊：“发信号：

我是军舰，我命令你航向转 20 度！”我这是军舰，小心我打你。

对方及时地把信号发回来了：“我是灯塔，还是您转 20 度比较好。”否则你撞上来吧。

这说明什么？这说明我们平常处理一些家庭矛盾也好，一些生活矛盾也好，总会像军舰和灯塔一样较劲，命令别人为自己改变，其实这都是很愚蠢的办法，其结果往往是以自己的失败而告终。不少人在别人没有按照自己的观点改变的时候，不怨自己顽固，不怨自己固执，总去埋怨别人不听自己的意见，甚至大哭大闹，想不通，这不就是孟子所说的“人之患在好为人师”吗？

【经典原文】

人之患[1]在好为人师。

——《孟子·离娄上》

【字词注释】

①患：毛病。

【参考译文】

人的毛病在喜欢做别人的老师。

25

铁杵磨针

言近而指远者，善言也；守约而施博者，善道也。君子之言也，

不下带而道存焉；君子之守，修其身而天下平。

人病舍其田而芸人之田——所求于人者重，而所以自任者轻。

李白是我国一位天才的诗人，被称为“诗仙”。但是，据说李白小的时候特别不喜欢读书。

有一年，他在象耳山读书，读着读着，小李白读烦了，读书有什么好玩的，还不如我跑出去漫山遍野的放风筝、捉蛐蛐、抓小鸟、扑蝴蝶，那多好玩！想到这里，偷偷地把书一扔，趁老师不注意，他溜出教室，跑到外边玩去了。

到外面一看，山清水秀的，确实比在房间里读书强。李白一玩，就玩了大半天，这一会儿就来到了一条小溪边。李白听见一种奇怪声音，他顺着声音过来一看，就发现在小溪的旁边坐着一个老妈妈，头发都白了，手里拿着一根铁杵——就是铁棍子，

正坐在这小溪旁边的一个石头上，就着水磨铁杵呢。

李白一看这干吗呢？他好奇、纳闷，赶紧就走到前来，对着老妈妈一施礼："老妈妈你好！"

老妈妈回脸一看，是一小孩："好好，孩子你干吗来了？"

"我没事儿，我玩儿。您干吗呢？"

"这不是嘛？在磨这铁杵呢。"

"您磨铁杵干吗？"

"我家要缝衣服，找不到针了，也没有卖的。这不是嘛，我就找到这根铁杵，我想拿在这石头上，把它磨成一根绣花针！"

李白一听没乐了，怎么？这铁杵有两个手指头那么粗，按现在来说，直径最少 1.5 厘米，你愣要在这石头上磨成直径没有一毫米的绣花针，你得磨多长时间？"这简直是不可能！"

老太太一听，把脸一沉："你这孩子，怎么说话那么肯定？你别急，只要功夫深，铁杵磨成针！"只要我在这里刻苦地磨，它总能达到目标。说完话，老太太再也不搭理李白了，专心致志地仍然在这里磨她的铁杵。

李白当时就愣那儿了。老妈妈刚才所说的那句话——"只要功夫深，铁杵磨成针"在李白的脑海当中反复播讲。这是多么朴素的一句话，但是它的寓意又是多么的深刻。我李白不也是一根铁杵吗？要想把我这根拙笨的铁杵变成一根有用的钢针，不经过苦磨，哪能成才？像我读书这样，三天打头，两天晒网，那哪能磨成钢针？想到这里，李白十分惭愧，赶紧回到教室，重新拿起

书本。

打这之后，李白是刻苦读书，终于成为我国最伟大的诗人之一。

“铁杵磨成针”，这不就是孟子所说的“言近而指远者，善言也”吗?

【经典原文】

言近而指[1]远者，善言也；守约而施博者，善道也。君子之言也，不下带[2]而道存焉；君子之守，修其身而天下平。人病舍其田而芸人之田——所求于人者重，而所以自任者轻。

——《孟子·尽心下》

【字词注释】

① 指：通“旨”，意旨，意向。

② 不下带：古代注视人，目光不可低于对方的腰带。文中比喻注意眼前常见之事。带，腰带。

【参考译文】

语言浅近而意义深远的话，这属于善言；运用简单但影响广泛的方法，这属于善道。君子的语言，看去平平凡凡但都含着很深的道义；君子的操守，以修养本身入手进而达到使天下太平。一般人的毛病就在于放下自己的田不去种而来耕别人的田——对别人要求十分严格，可自己承担的却很少。

周总理敬人爱人

爱人者人恒爱之，敬人者人恒敬之。

中华人民共和国成立之后，周恩来总理兼任了很长时间的外交部长，无论什么情况，他总是尊重对方，平等待人。

周恩来总理曾经对人说过：“你要别人尊重你，你首先要尊重别人，尊重是互相的。”话不多，但非常深刻。

每一次外宾来的时候，总理总会到门口迎接。外宾走的时候，他又一直送到门口。这个门口有的不是说会见厅的门口，有的是人民大会堂门口，他总得把别人送到门外。

你别看周总理会见外宾的衣服就那么几套，很俭朴，但是“衣贵洁，不贵华”，从来都是干干净净，整整洁洁。

有一次又要接见外宾，大家都到了接见外宾的现场迎候、等待。外宾飞机还没过来，大家突然间发现总理不见了。但是刚才明明看见总理来了，怎么眨眼之间不见了？赶紧找找吧。这一找，原来总理利用这个空隙，到了旁边的小屋子里刮胡子去了，稍微整理一番再出来，整个人显得更精神了。

周总理平常对人特别和善，但是对待工作特别认真。比如有次，大家去非洲，就有一些同志嫌非洲那边吃的东西太脏。你想想，当时非洲发展比较落后，所以有些同志到那里一看，这东西那么脏，不愿意吃。这事儿被周总理知道了，就把这位同志叫来，非常严肃地批评一番："我们要尊重别人，入乡随俗，人家能吃你为什么不能吃？"

平常不但是吃饭，有些语言用的不对，总理也会马上指出。比如有一次，要跟外国友人会面，礼宾司的同志前来报告，说："我们中方的人都到齐了，总理，是不是叫外宾？"当时周总理一听，立马把眼睛瞪了起来："什么叫？要说请！什么时候请外宾！"这事给大家印象非常深刻，一字之差，大有文章。

总理尊重人家，特别是小国。那自然的，他也受到别人的尊重，我们中国也受到了小国的尊重。所以周总理在全世界受到尊重不是偶然的。

总理不光对外国朋友尊重，对每一位普通的中国人也是非常的尊重。有一次，理发师给周总理正在理发，结果周总理嗓子一痒痒，咳嗽了一下。理发师傅正拿着刮胡刀给总理刮胡须呢，这一咳嗽一震动，划了一个小口子，顿时血就流出来了。这下把理发师傅给吓坏了："总理，总理，这这……"一时不知所措了，周总理笑了笑，没有责怪理发师傅，还马上向理发师傅致歉：

"这都怪我，咳嗽的时候没有和你打招呼。""总理，这怨我，怨我技艺不佳……""不，这事和你没关系，这么吧，今天你留下来，咱俩一块吃饭吧。"周总理怕理发师傅不安，为了消除理发师傅的不安心理，总理那么忙，居然同理发师傅一起吃了顿晚饭。

还有一天，周恩来总理因为工作需要到一家照相馆去照相。这个时候，照相馆里已经来了一些顾客，摄影师正准备给一位解放军战士拍照。周总理一进门，大家一看总理来了，全站起身来，迎接过去，一问，知道总理是前来照相的。这位战士当时就说了："总理您工作忙，您先照。""对对对，总理先来，总理先来……"周总理摆摆手，"大家都一样忙，轮到你了，就该你先照嘛。"说完话，周总理以普通顾客的身份坐下来，坚持按先后顺序排队照相，让在场的人们是深受感动。

总理外出视察工作，每到一个地方，离开的时候，他总得亲自和服务员、警卫员、厨师、医护人员等一一握手，亲切地对大家致谢："辛苦你们了，谢谢，再见！"并且和大家一起合影留念，这才离开。

有一次周恩来总理坐车外出，路面有积水，刚下过雨，车轮这么一轧，溅起水来了，正好溅到旁边路人一身。周总理虽然有急事，但还是马上命令司机停车："停车！"司机把车停下来了。周总理拉车门下车，马上向行人道歉。

为什么周恩来总理能够成为举世闻名、受人尊敬的中国的总理，这和他的敬人爱人是分不开的，这正应了孟子所说那句话："爱人者人恒爱之，敬人者人恒敬之。"

【经典原文】

爱人者人恒爱之，敬人者人恒敬之。

——《孟子·离娄下》

【参考译文】

爱别人的人，别人也会爱他；尊敬别人的人，别人也会尊敬他。

27

战斗英雄黄继光

鱼，我所欲也；熊掌，亦我所欲也。

二者不可得兼，舍鱼而取熊掌者也。

生，我所欲也；义，亦我所欲也。

二者不可得兼，舍生而取义者也。

抗美援朝期间，最激烈的战斗就是上甘岭战役。1952年10月14日，上甘岭战役打响。志愿军部队当中第15军第一三五团二营在这里坚持战斗了四天四夜。到了第五天晚上，接到了上级命令，要求在黎明之前夺下敌人的597.9高地。军令如山，接令之后立刻攻击。

一时之间，大炮轰鸣声、手榴弹爆炸声响起了整个区域。志愿军战士们奋不顾身占领了一个又一个山头，眼看要到达597.9高地的主峰了，突然间敌人有一个火力点猛烈射击，志愿军战士屡次突击，都被骤雨一般的枪弹给压回来了，牺牲了好多战士。

眼看着东方启明星升起了，指导员焦急地看看表，已经凌晨四点多了。如果再不赶快把这个火力点给摧毁，在黎明前就攻不下 597.9 高地。夺不下高地，这一晚上已经夺的那些山头就会全部丢失，毁于一旦。

就在这个时候，15 军第一三五团二营六连有一个通讯员，此人叫黄继光。他正愤怒地注视着敌人的火力点，他看到自己身边的战友一个一个倒下，心中怒火上涌。他转过身来，看着指导员坚定地说："指导员！请把这个任务交给我，我一定夺下这个火力点！"

指导员"啪"的一下，紧握住了黄继光的手："黄继光同志，我相信你一定能完成这个光荣而艰巨的任务！"

黄继光没再说话，坚定地点点头，带上了两个战士，拿了手雷，大喊了一声："让祖国人民听我们胜利的消息吧！"说着向敌人的火力点匍匐前进，就是一步一步往上爬。

但是这个时候，天已经微微见亮了，敌人也已经发现他了。"好像有人！好像有人爬过来了！赶紧打照明弹！"几颗照明弹打到天空，立刻照如白昼。一看，果然有人。敌人调转炮口，就拿炮轰黄继光和这两名战士。

炮弹不断在他们周围爆炸。三名战士冒着浓烟，冒着烈火仍然咬紧牙关匍匐前进。在前进过程中，有一个战士不幸被炮弹打中，牺牲在了当场。另外一个战士也负了伤，爬不动了。现在摧毁火力点的重任全落在黄继光一个人的肩上。

这个时候，敌人也已经把机关枪对准了黄继光一个人，子弹像冰雹一样射过来。黄继光就觉得肩上被狠狠叮了一下子，同时腿上也咬了一口，肩上、腿上各中一枪。黄继光咬紧牙关，他不顾身上鲜血在流，用尽全身力量，更加顽强地向前爬，一步、两步、三步……二十米、十五米、十米……近了，更近了！黄继光突然间站起身来，在暴风雨一样的子弹中站起来，他举起右臂，手雷在探照灯的光亮当中是闪闪发光……随着手雷扔出去，一阵火光，敌人的火力点瘫了，黄继光也昏倒在地。

战士们一看有机可乘，赶紧往前冲。没想到才冲到半路，敌人的机枪又叫起来了，把战士又压在山坡之上。

现在天马上就要亮了，规定的时间马上要到了，指导员急得哳哳直跺脚，把嘴唇都咬破了。在这个时候，有人说："指导员，您看！"

大家这么一看，就见刚才倒地上的黄继光他又站起来了，他突然间张开双臂，向喷射着火舌的火力点猛然扑上去，用自己的胸膛堵住了敌人的枪口！黄继光当场就牺牲在那里，但是他牺牲了，身子却仍然在堵着敌人的枪眼！

"冲啊！为黄继光报仇啊！"顿时，喊杀声惊天动地！战士们亲眼见到英雄黄继光堵枪眼的情景，悲愤交加，就像开闸的猛水似的往上冲去，立刻占领了597.9高地，消灭了阵地上的全部敌人！

黄继光牺牲了，年仅22岁！

孟子说："生，我所欲也；义，亦我所欲也，二者不可得兼，舍生而取义者也。"舍生取义，杀身成仁，是我们中国人在面对大义和生命时的伟大选择，也是我们中华民族所具有的价值观。正是一代又一代拥有这种杀身成仁、舍生取义的英雄志士的存在，才使得我们中华民族历经了一次又一次的生死磨难，一直走到今天而不衰的原因之一。

【经典原文】

鱼，我所欲也；熊掌，亦我所欲也。二者不可得兼，舍鱼而取熊掌者也。生，亦我所欲也；义，亦我所欲也。二者不可得兼，舍生而取义者也。

——《孟子·告子上》

【参考译文】

鱼是我想要的，熊掌也是我想要的，如果这两种东西不能同时都得到的话，那么我就只好放弃鱼而选取（更为珍贵的）熊掌了。生命是我所喜爱的，大义也是我所喜爱的，如果这两样东西不能同时都具有的话，那么我就只好牺牲生命而选择（更为珍贵的）大义了。

28

塔林夫的故事

取诸人以为善，是与人为善者也。故君子莫大乎与人为善。

今天咱们说的是一场接力赛，您看过 4×100 米接力，您看过 4×400 米接力，或许您还看过公路马拉松接力，那我们今天讲的是什么接力呢？是 n 乘 n 千米接力！怎么 n 乘 n 千米了，参加接力赛的有 n 个人，数不过来了，历程万里之遥，由海滨的天津一直到世界屋脊的青藏高原，到底有多远，只能说是 n 千米。可以说是一次超规模公路、山路、泥路、土路马拉松接力赛！比赛双方是谁？一方面是我们公益组织的志愿者，另外一方面就是凶残无比、人见人怕的病魔。有人可能说了，我没听明白。你别着急，听我慢慢给您说。

这场接力赛发生在 2008 年。这一年对于咱们青海玉树来说，是一个多灾多难的年份。尤其 3 月份的一场大雪灾，可谓百年一遇。大批牛羊被冻死了不说，主要当地人民缺医少药，尤其这是春天，正是传染病流行的时候，大灾之后必有大疫，当地就出现了传染病，尤其在青海玉树多多峡谷，有一所藏族学校的情况最为严重。

这所学校总共没300名学生，结果270人都患上了流行性腮腺炎，俗称痄腮。本来一个个的圆脸蛋儿像小苹果，这回好，都成大鸭梨儿了——脑袋小，腮帮子全鼓起来了。严重的，发烧、肚子疼、张不开嘴、吃不下饭，怎么呢？嘴一动弹，疼痛难忍。

那是什么地方？青藏高原！平常一个小感冒都有可能要命，现在大规模腮腺炎……可以说孩子们面临着生死危机！

可是由于当地灾情十分严重，到处告急，政府没那么多药，一时半会儿没办法向多多小学调拨药品。但病魔不等啊，传染范围一天天在扩大。

校长急坏了：“谁能救救孩子，谁能救救孩子呀！”

这个时候，有老师提醒：“校长，这老塔不是老组织公益机构捐助咱们学校么？这些年又捐衣又捐钱，没少帮助咱们。他们处在大城市，能不能有办法在那里买一些药物给咱们应急？”

“对呀！我一着急怎么把老塔给忘了！不过……这药的事，他们能弄来吗？”

“嗨！弄来弄不来，咱们得问问，说句不好听的，死马当活马医吧！”

“好好，我立刻给老塔打电话！”

老塔是谁呀？做公益的没有不熟悉的，他叫塔林夫，是北京公益服务发展促进会创会会长。塔林夫不是他的真名，他真名叫王剑峰，因为早年常到内蒙古草原做公益，防沙治沙，深受当地牧民的爱戴，牧民们就赠给他一个蒙古名字——塔林夫，意思是“草原之子”。打这之后，他一直就用塔林夫的名字做公益。甭管年岁大小，同行们、朋友们都亲切地称他为老塔。公益圈里有句话：“生活有难找警察，公益有难找老塔！”校长有难就想起了他。

电话打过去，情况这么一说：“老塔，我实在没辙了，这才找到你。您看看想什么办法救救孩子们吧……”校长都急哭了。

老塔听完，心中一紧，知道这件事儿不好办，但还是安慰校长：“您别着急，这件事儿交给我，孩子们我们救定了！”

“谢谢，谢谢你！但是，时间不等人，得快！病情发展太迅速了……”

“你不用说了，我都明白，不浪费时间了，我们马上行动！”

这校长没底，但也只能把电话放下。

他没底？老塔也没底！时间紧、任务重、没药品、距离远，这都是困难。但是困难已经来了，光怕没用，做公益多年的老塔有经验，对付困难就俩字——行动！

他马上把自己身边相关的公益伙伴全召集起来了，连夜召开了一个紧急会议，迅速制定出救援方案：一方面，塔林夫亲自联合民政部慈善捐助信息中心，要用最短的时间内，把募集药品的信息传达到社会各界；另一方面，他迅速组织志愿者展开社会募捐工作。

消息一发布，得到社会各界的广泛响应，尤其是天津一家药业公司的老总看到这条消息，立即就和老塔联系上了："我们公司愿意捐赠价值五万多元的急需药品！"听到这个，老塔乐得眼珠子都红了！怎么眼珠子红了？不红不行，守着电话两宿没合眼，能不红吗？幸亏守电话，这要守着网，他早就成"网红"了！休息会儿吧，不行！病魔不等人，救命如救火，赶紧取药！

塔林夫立刻赶到天津取到药品，这颗心放下一半。

另外一半还悬着呢！怎么？从天津到青海万里之遥，这药怎么能够最快送过去？正着急，电话来了，是在小学监控病情的志愿者打的："老塔，快！孩子们病情十分严重，按常规方式运送药品，恐怕一些孩子赶不及了！"

多一分耽搁就多一分危险。为了抢时间，塔林夫联络了沿线各地车友会，全程来它个车休人休药不休、万里接力送良药！

就这样，一场接力赛开始了：第一辆车带着药品由北京出发开到易县，把药品卸到等候的第二辆车上，然后返回。第二辆车继续前行到代县，把药品交给第三辆车……就这么着、一辆接一辆、一车接一车、一人接一人、一路接一路，把药物顺利地运送到了青海西宁。

由西宁再往玉树运，可就没那么顺利了。雪后的玉树路况极其恶劣，一路险象环生，但车轮始终未停。历尽千辛万苦，车辆终于来到了多多峡谷，药品终于送到了孩子手中。这正是：时间和病魔赛跑，最终爱心和公益取胜！

就这样，在塔林夫的指挥下，一场万里救援的生死接力，一场民间志愿者的爱心传递终于使峡谷的孩子们得救了。

校长感动坏了，连忙打通了老塔的电话，可接电话的却不是老塔。

“您能晚点打来吗？”

“怎么？老塔不在？”

“他在。”

“那他……”

“他太累了，让他休息会儿吧……”

作为平民慈善事业的倡导者、研究者、实践者塔林夫，由于全身投入慈善事业、公益事业，操劳成疾，在2015年4月17日病逝，享年44岁。在他逝世了一年多后，荣获了第九届中华慈善奖最具爱心慈善楷模称号。

孟子说，“君子莫大乎与人为善”。塔林夫先生正是这么一个偕同别人一起做好事、行善、帮助他人的君子。

【经典原文】

取诸人以为善，是与人为善者也。故君子莫大乎与[1]人为善。

——《孟子·公孙丑上》

【字词注释】

①与：偕同。

【参考译文】

吸取别人的优点来自己行善，这就是偕同别人一道行善。所以，君子最高的的行就是偕同别人一道行善。

29

诸葛亮智激孙权

说大人，则藐之，勿视其巍巍然。

东汉末年，赤壁大战前夕，诸葛亮奉刘备之命，只身过东吴，去游说吴主孙权，要孙刘两家共敌曹操。

但是，当时刘备势弱，兵不过三千、将只关张赵云，人家东吴好歹还有十万人马，所以诸葛亮的外交任务是极其艰巨，而外交难度又极其之大。再加上东吴那些满朝的文臣都主张孙权投降曹操，更加大了诸葛亮的外交难度。在这种形势下，孙权能够跟自己平等交谈吗？这是诸葛亮首先要考虑的问题。

果然，到了东吴，诸葛亮见到孙权。一看孙权好不威风：身高八尺开外，虎背熊腰，碧眼紫髯——眼珠是绿的，胡子是紫红色的，威风凛凛、相貌堂堂，往那一坐，没把诸葛亮放在眼里，身段儿就比诸葛亮高一块。诸葛亮一看这个人只可激不可说。

这个时候，孙权就问诸葛亮了，说："你跟着刘备与曹操已经开过战了，必定深知曹军的虚实。不知曹操军队能有多少兵马？"

他一问这话，请诸葛亮到东吴来的那位东吴重臣鲁肃鲁子敬就向诸葛亮使眼色。为什么？鲁肃请诸葛亮过江的时候，不止一次嘱咐诸葛亮："你千万别对我家主公说曹操兵多将广。你一说曹操有八十多万军队，得把他吓坏了，他就不敢打了，要投降曹操了。"现在一听孙权果然这么问，赶紧给诸葛亮使眼色：你就说十来万人，二十来万人就得了。

哪知道，诸葛亮当时就说了："曹操的马步水军大概得有一百余万！"

鲁肃一听这个气呀：诸葛亮，我再三叮嘱，你怎么一点不听？一百多万！比我们现在知道的八十三万那还多！这要是把我家主公吓唬住了，要投降曹操那该怎么办？

诸葛亮不管那一套，鹅毛大扇接着扇。

孙权闻听一百多万，也把眉头一皱："孔明先生，常言说，兵不厌诈！曹操号称雄兵百万，这里面恐怕有诈吧？"

诸葛亮把鹅毛大扇轻轻一摆："这里边可没有诈，都是真的。不信咱算算：曹操在兖州收了青州兵二十万；后来，灭了袁绍，收了袁绍人马五六十万；在玄武湖操练水军，在中原新招士兵三四十万；现在又得了荆州之兵二三十万……这么一算下来，曹操人马不下一百五十万。刚才我才说一百万，这是我怕把你吓着，没敢多讲。”

鲁肃一听一咧嘴：这还没敢讲？全说出去了！

孙权一听：“那孔明先生，曹操部下战将共有多少？”

诸葛亮说：“曹操手下足智多谋之士、能征惯战之将足有两千余人。”

孙权手捻长髯：“孔明先生，如今曹操平了荆襄，得了九郡，你说他会不会还有远图之心？”他想不想取我东吴？

“将军这还用说吗？曹操现在兵进江陵，水旱两路沿江扎寨三百余里，又在准备战船，他不是要取江东，他是要干什么？”

“那孔明先生，曹操既有吞我江东之意，你说我是战还是和？”

诸葛亮听到这里，头轻轻地摇了摇，脸上露出为难的神色，“将军，亮有一言，不知当讲不当讲？”

“我愿闻高论！”

“将军，当初天下大乱，将军的父兄起于江东，将军继承父兄基业，踞守江东。我家主公刘备也收了刘辟等，占据汝南。孙刘两家都想与曹操并争天下。而现在曹操北伐成功，转向南征，现在又吞并荆州，威震海内！纵是英雄，亦无用武之地，所以我家主公就从新野逃到江夏。我劝将军量力而处之，如果能够尽起江东之众与曹操抗衡，那就要早做打仗的准备，不要同曹操讲和。要是说你没有能力去打，还不如就听从你那些谋臣的主张，按兵束甲、偃旗息鼓，干脆向曹操投降得了。”

这一说连鲁肃带孙权都听了很不高兴。孙权冷笑数声："孔明先生，你在这里劝我降曹，你怎么不劝刘豫州降曹呢？"你怎么不劝你家主公刘备投降曹操？

诸葛亮正等这句话："将军，我家主公那哪能投降曹操？我家主公是谁？他是汉朝王室之后！英雄盖世、众人仰慕，怎么能够屈居于汉贼之下，去投降曹操？"那意思跟你不一样，我家主公的身份比你高，你跟他没法比，你能投降，他是英雄，他不能投降。

"什么？！"孙权一听是勃然变色，一拂衣袖，退入后堂，生气走了。

鲁肃这个埋怨："孔明先生，你怎么能够这样对我家主公说话？"

孔明听完是仰天大笑："没想到，孙仲谋的肚量如此的狭窄，如此的容不得人！还争什么霸业？我自有破曹之计，他又不肯来问我，我怎么有机会说出来？"

"您有良策？"

"我当然有了，是你家主公摆着谱、端架子，他不听我的。"

"那我赶紧跟我家主公去说去！"鲁肃赶紧地找到孙权。

孙权还生气呢："孔明欺吾太甚！"

"主公，这就是您的不对了。"

"怎么？孔明有破曹之策，但是不肯轻易讲出来，主公何不向他求教？"咱别把这个位置端得那么高，咱放下身段儿向他求教，他刚才是以言词激你的。

孙权一听，这才恍然大悟："怪我一时浅见，险些误了大事！子敬，你赶紧把孔明先生请到书房来，咱们饮酒长谈。"

诸葛亮利用激将法，先把孙权身上凛然的傲气给打掉了，最终完成了孙刘联合、并力抗曹的外交任务。最后为赤壁之战的胜利也奠定了基础。

【经典原文】

说[1]大人，则藐之，勿视其巍巍然。

——《孟子·尽心下》

【字词注释】

①说（shuì）：向……进言。

【参考译文】

向位高显贵的人说话，要藐视他，不要把他的显赫地位和权势放在眼里。

30

孟子谏邹穆公

出乎尔者，反乎尔者也。

战国时期诸侯争霸，战争不断，再加上天灾人祸，老百姓是苦不堪言。

有一年，邹国跟着鲁国打仗，结果邹国被鲁国打败了。邹国的国君邹穆公十分气恼，认为邹国的老百姓不支持自己的长官，要是老百姓都支持长官的话，不至于败得这么惨！我非得处罚这帮老百姓不可。但怎么处罚？法不责众，那么多老百姓你处罚谁？施多大的刑？这都是问题。于是，邹穆公就找到孟子，向他请教如何处罚这帮老百姓。

邹穆公气呼呼地就对孟子说了："孟老夫子，在这一次战争中，光我们国家的官吏就死了三十三个。有些官吏就在老百姓眼皮底下被人给杀了，你说气愤不气愤？按说老百姓看到自己国家的长官被杀，应该上前施以援救。他们倒好，眼睁睁地坐着抄着手，在那里坐视不管、坐视不救，实在可恼！为此事，我恨透了这帮子老百姓了。如果把他们杀了，他们人太多，杀也杀不完。要是不杀，这老百姓太可恶了！孟老夫子您说该怎么办才好？”

孟子听完，“哼”了一下，问：“我说国君，咱们邹国也闹过饥荒？”

“瞧你这说的，哪个国家没有饥荒？”

“那我问问你，在咱们邹国闹饥荒的年景里，老百姓过得怎样？”

这句话把邹穆公给问住了。“不是，孟老夫子，您什么意思？”

“恐怕国君记不得了吧。在邹国饥荒的日子里，饿死的老弱病残是填满了山谷，年轻力壮的四处逃难、妻离子散。然而，您当时的日子过得怎样？您的粮库里堆满了粮食，国库里的金钱多多的。但是，您非但不开仓赈济灾民，您和您那些官吏反而仍然天天过着花天酒地的生活。这不就是在残害百姓？遭殃的老百姓当年至少好几千。您现在跟别人干仗，没打过别人。您就怪罪您的老百姓见死不救，眼睁睁地看着您的官吏被敌方给杀了。那么我问你，灾荒之年您和您的官吏救过这些老百姓吗？曾子曾经说过：‘出乎尔者，反乎尔者也！’你怎样对待别人的，别人也就怎么回答您。老百姓这么回答您了，您又责怪谁？如果国君您当年关心老百姓，老百姓至于在您有难的时候不拥护你吗？如果你当年关心老百姓，老百姓自然会拥护你这国君，自然会心甘情愿地为国君出力，直至牺牲他们的生命。你当年没管人家，现在你怨人家，你怨不着！”

邹穆公听了孟子的话，脸臊得通红，面带惭愧，灰溜溜地走了。

【经典原文】

出乎尔者，反乎尔者也。

——《孟子·梁惠王下》

【参考译文】

你怎样对待别人，别人也会反过来怎样对待你。

31

诸葛亮七擒孟获

以力服人者，非心服也，力不赡也。以德服人者，中心悦诚服也。

三国初期，益州郡的大姓雍闿把益州太守正昂给杀死了，后来又绑架了新任太守，送到东吴。公元 223 年，雍闿趁着蜀汉皇帝刘备夷陵之战大败后在永安宫病逝之际，举兵号召南中四郡，群起反叛蜀汉。孟获是当时南中地区的大姓豪强，深为当地土族和汉人所信服。雍闿招揽孟获，让他游说各部族的酋长，最终一起叛乱。

公元 225 年 3 月，蜀汉丞相诸葛亮决定亲自率军平定南中叛乱，当时参军是马谡。马谡为诸葛亮送行的时候，提出平叛要采取“攻心为上，攻城为下；心战为上，兵战为下”的战略，深合诸葛亮之意。诸葛亮就是想要孟获心服口服，否则光给镇压了，你刚一回兵，这边又反了，只有以德服人，真正让孟获心服口服了，才能够免除后患。就这么着，诸葛亮兵分三路，进行南征。

这一打，雍闿这边跟别人发生摩擦，最后被别人给杀了，孟获趁机把雍闿的旧部给收编了，继续率领南中人跟蜀汉交战。经过一系列的作战，诸葛亮大军声势相连，把这些反叛势力一一给平灭了，最后就剩下一个孟获了。诸葛亮听说孟获为当地人所信服，就想通过生擒迫使孟获归降，从而达到收复南中民心的目的。

五月，大军渡过泸水，跟孟获交战。结果这么一打，孟获哪是诸葛亮的对手？没费多大劲就把孟获给生擒活捉了。但，诸葛亮让人把孟获的绑绳解开。怎么？“我带着你参观参观。”参观什么？“参观参观我的营阵。”让你看一看我的蜀军将士如何，像这样的将士你还能不能战胜，你知难而退就得了。

孟获看完把嘴一撇：“丞相，过去是我不知道虚实，所以跟你打仗我打败了。今天蒙丞相恩赐，我看了看你的营阵。说实话，不过如此！如果说你把我放了，咱俩再打仗，我肯定打赢！”

诸葛亮一看：“行，那就把你给放了吧。”

两旁的文武一听：“丞相，这可不能放。”

诸葛亮说：“既然南王心中不服，就放了再战吧！”就把这孟获给放了。

这孟获接着领兵跟诸葛亮打，七次被诸葛亮活捉，诸葛亮对孟获是七擒七纵，就是抓你一次：“服不服？”“我不服！”“好，不服放了你。”接着打，再抓一次：“服不服？”“我不服！”“不

服，放了你！”再打。如此抓了七次。

最后一次，诸葛丞相看着孟获把鹅毛大扇一摆，那意思：甭问了，解开绑绳放了，如果不服你再来！

孟获低着脑袋自己都觉得不好意思了，这多没面子！抓一次人家放一次，自己还打什么劲？孟获对诸葛亮是心服口服：人家为什么是蜀汉丞相？将军额头能跑马、宰相肚里能撑船！人家凭什么？抓住我“咔嚓”一刀宰了我不就完了吗？谁还敢反叛？可人家没有。人家就是诚心诚意跟我和解，我这臊眉耷眼的，放一次我打一次，这多没劲！

孟获对诸葛亮是彻底信服了，再也不肯走了，跪倒在诸葛亮近前说：“丞相天威，南人不复反矣！”您就代表着天上的神威，我们南中之人不会再反叛了。于是带领着蜀汉大军来到滇池，跟诸葛亮誓盟。就这样，蜀军成功地平定了南中，孟获后来也升迁为御史中丞。

孟获把这南中一带的户籍、粮册全交给诸葛亮了，这以后你掌管就行了。诸葛亮不要这些，怎么？“这些仍然由你们来保管。你们就是当地人民，对这个地方最熟悉了，你们治理这个地方比我派官员过来治理要好得多。我在这个地方不留兵不运粮。你们这个地方仍由你们当地人来掌管！”

孟获一听：“丞相，我服了！我说过我们南人再也不反了！”

【经典原文】

以力服人者，非心服也，力不赡[①]也。以德服人者，中心悦诚[②]服也。[③]

——《孟子·公孙丑上》

【字词注释】

①赡：足。

②诚：真心实意。

③此句是成语“心悦诚服”的出处。

【参考译文】

以武力征服人，人不是真正心服，而是力量不足，抵抗不住；以恩德服人，人的心中高兴，是真心实意的服从。

德法并举

人之有道也，饱食、暖衣、逸居而无教，则近于禽兽。圣人有忧之，使契为司徒，教以人伦：父子有亲，君臣有义，夫妇有别，长幼有序，朋友有信。

周敬王二十年（公元前500），孔子做了鲁国的司寇。“司寇”你听这名字就是管治安、管法律的。

孔子刚当上司寇，就来了一对父子。干吗？要打官司。孔子一问：“闹了半天，你们是父子！行了，这官司我也不审了，把这父子俩全给拘起来！”结果，把这父子俩全关监狱去了，三个月也不审判。

最后，这老头撑不住了：“大老爷，我们不打官司了。我跟我这孩子和解了。您能不能把我们释放了？”

“那行！”孔子一句话，把这父子俩释放了。

当时鲁国的大权不在鲁国国君手上，在鲁国三家贵族手上，叫“三桓”，这三桓的权力又掌握在季孙氏手上。季孙氏得知此事之后就不高兴了：孔子这个老头子他欺骗我！他曾经向我说过，一定要用孝道来治理国家。现在这父子俩打官司还用问吗？肯定是儿子不孝！我要杀掉那个不孝之人。这样一来，就明正典刑，天下老百姓就不敢不孝顺了。他怎么把这俩人给放了呢？

这话被孔子弟子冉求给听到了，冉求就把这话告诉了孔子，孔子一听是感叹一声：“在上面的人不治理好政事，对下杀戮百姓，这怎么能行？百姓有官司，其实从根本上要教化他们。你不教化百姓，直接审判他们，杀戮一个无罪之人，那怎么行？这就如同三军作战。三军作战失败了，你不能说把这些作战的将士全处死。监狱的事情没治理好，不能够施以滥刑。法令松弛，而刑杀严厉，这是残害的行为；平常不教化他们，而要求他们做事成功，这是虐待的行为；现在，万物的生长有一定时节，在上位的人征收赋税没有限度，这是残暴的行为；停止了这三项虐待百姓的事情，在此之后如果百姓还犯法，那才能够使用刑罚。所以《尚书》上说了，即使正确的刑罚也不要立即执行，这就是说治理国家要先进行教化。结果现在不这样，扰乱教化，反倒增加繁多的刑罚，这样一来，让老百姓就陷入迷惑而堕落，随之再去制裁他们，因此刑罚越繁多越不能战胜邪恶。咱打个比方来说吧，三尺高的陡坡，你推着空车上不去。但是百仞之高的山，你就推着再重百斤的车攀登也能上去。这是为什么？这是因为山有从低到高的缓坡；几仞高的城墙，成人翻不过去，但百仞高的大山，小孩子都能翻过去，这为什么？这就是山有从低到高的缓坡。现在的社会不这样。现在社会政令教化松弛，而刑罚繁多的状况已经很久了。这样怎能使百姓不犯法呢？相反如果我们实行教化，老百姓就会归顺他，即使这道路远，老百姓最终也能到达。”

这就是以孔子、孟子为首的儒家学派的思想。他们注重教化，这就跟孟子的“人之有道，教以人伦”是相通的。他们都注重教化，注重对人民教化的思想，有它的可贵之处。一个社会对普通百姓应该首先施以教化，这个教化不等于教育。我们常说：“现代人教育水平普遍提高了。”那教育水平提高了，是不是等于人们的素质就提高了呢？未必。素质的提高有待于“教化”，而不是教育。所以儒家十分注重教化这一点。

但是儒家轻视法制，把“教化”凌驾于法制之上。比如人家父子俩打官司，都已经诉讼到法庭之上了，你起码得审问一下孰是孰非，看看里面有没有触动刑法的地方吧？如果没有，就是两个人的民事纠纷，那可以采取教化、调解这种手段。如果里面真正的触动了刑法了，那这个时候该判刑要判刑、该处罚要处罚，你不能够这个时候再教化了。但对这一点儒家不太注重。相反的来说，这一点谁注重？那是法家注重的。法家就认为对付百姓必须用严格的法律。你稍微一不严格，这老百姓就嬉皮笑脸。法家正好相反，注重法制，不注重教化。

那么到了我们当代，我们认为谁对？两者都有可取之处，两者都有它们的不足。到了我们今天，要教化、法制两条腿走路，两边都要抓，两手都要硬，缺一而不可。

【经典原文】

人之有道也，饱食、暖衣、逸居而无教，则近于禽兽。圣人有忧之，使契[①]为司徒，教以人伦：父子有亲，君臣有义，夫妇有别，长幼有叙[②]，朋友有信。

——《孟子·滕文公上》

【字词注释】

① 契（xiē）：传说中商的始祖，曾任舜的司徒，掌管教化。

② 叙：次序，次第。

【参考译文】

人类生活的通则是，吃饱、穿暖、安居而没有教育，便同禽兽差不多。圣人又忧虑这件事，任命契担任司徒，把伦理道理教给人民：父子讲亲爱，君臣讲礼义，夫妇讲内外之别，长幼讲尊卑次序，朋友讲真诚守信。

33

周厉王止谤

暴其民甚，则身弑国亡；不甚，则身危国削。
名之曰幽、厉，虽孝子慈孙，百世不能改也。

西周的第十个君主，史称周厉王。这个“厉”是谥号，什么叫谥号呢？就是后人根据死者生前的事迹，做的什么功德、办的什么坏事、有什么操德，来评定的一种称号。有褒的有贬的，“谥者，行之迹”，“是以大行受大名，细行受细名，行出于己，名生于人”。谥号有帝王之谥号，一般的是帝王死后由礼官主持，大家评议这个帝王的成败得失，然后给予的称号。像“厉”就是个恶谥，就是贬义的谥号。什么叫厉？《谥法》上有规定：“杀戮无辜曰厉；暴虐无亲曰厉；愎狠无礼曰厉；扶邪违正曰厉。”总而言之，这个“厉”字没好解释。他被称为周厉王，你就琢磨琢磨，这个君主能好得了吗？他一继位就对老百姓采取了残暴的统治，比之前的君主压榨得更厉害了。

他手底下就有那么一个臣子叫荣夷公，这个人老在周厉王面前出馊主意，这一次他又给周厉王出了一个主意，说："陛下，您看咱们现在国库是不是挺空虚的？我有个主意，能够让咱们国库丰足起来。"

周厉王一听："你有什么主意？"

"陛下，这很简单，所谓'普天之下，莫非王土；率土之滨，莫非王臣'。这整个天下都是您的，您应该对这整个天下进行统治。那些山林、川泽、湖泊、河流，都是您的，这些东西可不能随随便便地让那些贫民、让那些奴隶们随意滥砍滥伐、捕捞鱼虾，得由天子您直接管控，收归国有！谁要想开发，拿钱来！不够资格不发给他'营业执照'。您把山林、川泽、湖泊、河流这些资源全部收归国有，进行专营。陛下您不就可以任意开发了吗？如果有百姓愿意帮着您开发，您就可以给他加赋加税，才准许开发。这么一来，咱国库不就充足了吗？咱们不就增加收入了吗？"

周厉王一听："对呀，你真是大才呀！这个国家专利的主意太好了！"立刻下道旨意，全国实行。把这全国的山林、川泽、湖泊、河流全部收归国家专有。

这下子，那些依靠山林生活的老百姓，依靠河流做渔夫的老百姓，就根本没办法生活了，因为山林湖河全让国家给围起来了。周厉王不但不准许老百姓利用这些天然资源谋生，他手下的官吏还对老百姓进行勒索、虐待、加重赋税。本来原来的赋税就不轻了，老百姓生活已然不堪重负了，这下子更厉害了。

厉王实行专利的政策可了不得了，让这些平民们忍无可忍，于是乎当时的舆论就流行出来了。当时就是没报纸，没网络，这要是有报纸有网络就乱套了。就算没有这些现代媒体，光是当时这街谈巷议抨击朝政声音到处可闻。

这一骂，把周厉王给骂急了。敢骂我？还反了你们了！于是就叫来了他最信任的卫巫，对他说："现在，我派你去监视一切臣民，看看哪个敢在背后骂我，你马上奏来，我把这个人五马分尸！"

"是！"卫巫可逮着了。他为了讨好这周厉王，结果第二天就开列了一大串名单，也不管人家骂没骂，反正是这些人我报上去了。

周厉王一看："全给我逮来，杀了！"

这么一来，本来不骂他的人也忍不住开口骂了。卫巫就在各地派了很多的心腹爪牙，一看谁敢骂厉王，马上给抓来，抓来了就砍头，罪状就是诽谤君王。

这一下子，当时都城内就形成了人人自危的恐怖局面。大家都不敢说话了，走在路上互相就使眼色，这叫"道路以目"。用交换目光表达他们对周厉王的无声愤恨！

这个时候，周厉王手下有一位大臣叫召公，赶紧就来劝周厉王："您这么做哪行？您这好家伙，让这卫巫监视国人，这倒好，堵住了百姓的嘴，但是堵住了百姓的嘴，比堵塞河流的害处更厉害。河流一旦崩堤，一旦溃决，所伤害的人一定很多，老百姓也一样。所以治水要疏通河流，让河水通畅。治理民众要放开言论，让老百姓敢说话。百姓之有嘴，犹如土地之有山川，是生产万物之所在。百姓心中有意见，就得让他们讲出来，你这硬堵哪行？”

但是，周厉王不听，一意孤行，仍然是镇压百姓。果然事与愿违，越治越重，反抗越烈。

三年之后，国都里的民众终于忍无可忍，掀起了反对专治独裁的武装暴动，如决堤的江河一般奔腾倾泻，冲向周厉王居住的宫殿。周厉王一看大势已去，赶紧跑吧！他就跑到了外地。

周厉王虐待百姓，与民争利，钳制民口，违背民心，终落得一个仓皇出逃、客死他乡的可耻下场。

孟子说得好：“暴其民甚，则身弑国亡；不甚，则身危国削。名之曰幽、厉，虽孝子慈孙，百世不能改也。”

【经典原文】

暴其民甚，则身弑国亡；不甚，则身危国削。名之曰幽、厉[①]，虽孝子慈孙，百世不能改也。

——《孟子·离娄上》

【字词注释】

① 幽、厉：谥号名。譬如周幽王、周厉王。

【参考译文】

（统治者）残害自己的百姓过于厉害的，就会使自己被杀、国家灭亡；即使不太厉害，也会使自己遭遇危险、国家遭到削弱，死后被称为“幽”“厉”，即使是孝顺仁慈的子孙，经百世之后也无法更改。

34

陶渊明归隐田园

人人有贵于己者，弗思耳。人之所贵，非良贵也。

陶渊明是我国东晋后期有名的大诗人、散文家。陶渊明祖上世代为官，曾祖父在东晋建立了很大的功勋，曾经管过八个州的军事。但是，到了陶渊明这一代，家境已经凋落了。

陶渊明年少的时候喜欢读书，颇有济世救民的志向，又很仰慕曾祖父，也想干一番事业，但是家里情况不好。到了二十九岁，才有别人推荐，陆陆续续做了几任参军之类的官，也就是给大官做助手。但陶渊明这个人脾气倔，看不惯官场逢迎拍马那一套，所以在仕途当中辗转了十三年，一腔热情就冷了：干脆我甭做官了，我不愿意为小小的一个官，五斗米的薪俸，低三下四地给其他官员献殷勤。于是，他脱掉官服、交出官印，回老家去了，辞官不做了。

就这么着，从四十一岁开始到六十三岁去世，陶渊明再也没当过官，他就开始了“采菊东篱下，悠然见南山”的耕种生活。

他把这种耕种的田园生活写成了诗，在劳动中和村里的农民结下了深厚的情谊，于是就创作了很多歌颂劳动的诗篇，获得了“田园诗人”的称号。同时，他还写出了封建时代农民的某些要求和愿望。比如，我们所熟知的《桃花源记》就是一个突出的例子，就写了远离人世的那么一个世外桃源，这里面生活富足，孩子们天天唱着歌，老年人满脸笑容，生活非常小康。当然了，这只不过是个虚构的事情。他反映了当时饱经战乱的人们希望过安定的、没有剥削压迫的生活，是人们心目当中的理想社会。

陶渊明跟农民的关系很好，但是对待达官贵人是不屑一顾。在五十五岁的时候，他所居住那个郡的刺史叫王弘，闻听陶渊明大名，就派人来请陶渊明，说：“我要见你。”陶渊明一听，你见谁呀？根本不搭理你！让王弘碰了大钉子。又过了几年，江州刺史换上了檀道济，这檀道济是一位名将，他上任不久，便亲自登门拜访陶渊明。陶渊明这个时候正生病，躺在床上起不来了。檀道济就对他说：“贤人的处世哲学应该是世道坏了就隐居，世道好了就去做官，这是孔夫子说的话。现在你生活在光明的时代里，为什么非得要隐居呢？为什么非得自己跟自己过不去呢？”陶渊明一听，委婉地拒绝了檀道济的劝说——我不跟你走，我就不当官。檀道济没办法，临走的时候要送给陶渊明粮食、酒肉，都让陶渊明拒绝了。怎么？我自己种的自己吃，你做官的给的东

西拿走！陶渊明对待王弘、檀道济这种冷漠态度，反映了他甘于贫贱、不慕荣华而隐居的决心。

当时，在那一代隐居的还有两个人，一个叫刘遗民，一个叫周续之，他们和陶渊明合称“浔阳三隐”。但真正的隐士是陶渊明，那两人不算。为什么呢？因为他们家有钱，平常根本不参加劳动，而且同当地的官员交往非常频繁，曾经被邀请到江州城里讲过学，这些人只不过想借着隐居来找一个终南捷径罢了，往身上涂涂金。

另外，还有一个叫慧远的和尚，当时在庐山东林寺里住着，曾经邀请很多名流，包括陶渊明，加入他组织的佛教团体。陶渊明也不愿意沽名钓誉，陶渊明就说了：“你如果准许喝酒我就加，要不准许喝酒，我就不加了。”和尚是不允许喝酒的，陶渊明就想以此来委婉地给拒绝了。哪知道慧远一听：“行！只要你加入，我宁肯破佛戒！我让你喝酒行不行？”这陶渊明没词了：“那行吧，我加入吧。”但是，到了正式成立佛教团体那一天，陶渊明走到半道又折回去了，他还是不愿意！

陶渊明不为五斗米折腰和保持高尚独立自主人格的故事，表现出他不奉迎权贵的高尚节操。这就是孟子所说的“良贵”，也就是一个人内在的尊严和人格价值。

【经典原文】

人人有贵于己者，弗思耳。人之所贵，非良贵也。

——《孟子·告子上》

【参考译文】

每个人都内在的具有使得自己尊贵的品质，只是人们不去思考它罢了。别人所给予的尊贵，并不是真正的尊贵。

35

隋炀帝自暴自弃

自暴者，不可与有言也；自弃者，不可与有为也。

平心而论，隋炀帝杨广是个非常有抱负的皇帝。他非常有才华，头脑精明，颇有进取心，可以说在历朝的君主当中贡献卓著。他上马能打仗，下马能写文，能文能武，是一位综合素质非常高的帝王。登基之后，修运河、复长城、立科举、强集权、去豪强、除后患，为国为民推行了许多善政，也为国家和后世建立了不少不朽的功勋。

但是，这个人有一点不好——急功近利。他本身的能力太高了，就觉得天底下的臣民都得像他一样，于是他就拉着大隋王朝使劲地往前跑，结果老百姓也好，众臣工也好，全跟不上他。他越跑越远，个人膨胀越来越厉害。有学者统计，就在杨广继位的前八年，总共上马的大工程有 22 项，这都是全国的大工程，共征用人力 3012 万，要知道当时全国就有 4600 万，也就是说除了那些老弱病残，几乎全民都变成苦力。再加上杨广为了开疆扩土，东征高句丽，结果三次大举讨伐全部失败，导致天下精兵尽丧于朝鲜。

杨广在位十四年，到了最后两年的时候，他几乎是痰迷心窍了，已经不再是当年的精明统帅了。最后换来了天下皆反，曾经一代英主成了千夫所指的民贼，杨广就此陷入了巨大的失落和沮丧之中。

像很多过于自负的人一样，这种人一旦受到挫折，往往会精神脆弱，陷入崩溃。面对自己一番心血换来的危局、困局，杨广到现在不思如何改变这种危局，东山再起，卷土重来，他却选择了放弃，自暴自弃、破罐子破摔。他跑到扬州，终日搂着美女饮酒作乐，逃避现实，成了一个酒色之徒，每天都是醉生梦死。

有那么一天，他头天又喝醉了，第二天迷迷糊糊地醒来，对着面前的铜镜这么一看——多日来声色犬马的生活让自己都脱了相了。他拍着自己的脖颈就对皇后萧后说了：“好头颈，谁当斫之？”说你看我这脑袋多好，谁能够把它给拿下来？不知道以后落到何人之手？多么丧气的话。

那你要觉得有人对你不利，赶紧振作精神。不！他宁可天天用酒来麻醉自己，都不愿意听那些不利于他的消息。

他身边也不是没有忠臣。有那么一个宫人，得知有人谋反，在萧后的允许之下，赶紧向杨广禀告了，说：“陛下，某某人要谋反，您要早做准备。”

杨广一听是暴跳如雷，“你胡说八道！谁敢谋反？！朕不听！朕不听！朕不听！把她给我拉出去杀了！”你看把这为他好的，来给他报告情报的人给宰了。

再往后，又有人告诉萧后，说：“禁军现在也策划谋反，赶紧向皇上禀报吧。”

萧后长叹一声，说：“天下事一朝至此，无可救者，何用言之？徒令帝忧烦尔！”什么意思？行了行了，别说了，现在天下都造反了。已然如此了，咱们大势已去，不可救药了。跟皇上他老人家说什么呀？你跟他说了，不徒令他增加烦恼吗？咱们就甭跟他说了，让他自我安慰、自我欺骗，自暴自弃得了。

就这么着，杨广就在自暴自弃当中等了一个众叛亲离，最后被叛军给绞死了。

【经典原文】

自暴[①]者，不可与有言也；自弃者，不可与有为也。

——《孟子·离娄上》

【字词注释】

① 暴：损害，糟蹋。

【参考译文】

自己糟蹋自己的人，和他没有什么好说的；自己抛弃自己的人，和他没有什么好做的。

《孟子》名句

01 曰："独乐乐，与人乐乐，孰乐？"曰："不若与人。"曰："与少乐乐，与众乐乐，孰乐？"曰："不若与众。"/001

02 曰："德何如，则可以王矣？"曰："保民而王，莫之能御也。"/006

03 贼仁者，谓之贼；贼义者，谓之残。残贼之人，谓之一夫。闻诛一夫纣矣，未闻弑君也。/012

04 "敢问夫子恶乎长？"曰："我知言，我善养吾浩然之气。"/017

05 乐民之乐者，民亦乐其乐；忧民之忧者，民亦忧其忧。乐以天下，忧以天下，然而不王者，未之有也。/022

06 子路，人告之以有过，则喜。/026

07 天时不如地利，地利不如人和。/029

25 言近而指远者，善言也；守约而施博者，善道也。君子之言也，不下带而道存焉；君子之守，修其身而天下平。人病舍其田而芸人之田——所求于人者重，而所以自任者轻。 /127

26 爱人者人恒爱之，敬人者人恒敬之。 /132

27 鱼，我所欲也；熊掌，亦我所欲也。二者不可得兼，舍鱼而取熊掌者也。生，我所欲也；义，亦我所欲也。二者不可得兼，舍生而取义者也。 /136

28 取诸人以为善，是与人为善者也。故君子莫大乎与人为善。 /141

29 说大人，则藐之，勿视其巍巍然。 /147

30 出乎尔者，反乎尔者也。 /153

31 以力服人者，非心服也，力不赡也。以德服人者，中心悦诚服也。 /157

32 人之有道也，饱食、暖衣、逸居而无教，则近于禽兽。圣人有忧之，使契为司徒，教以人伦：父子有亲，君臣有义，夫妇有别，长幼有序，朋友有信。 /162

33 暴其民甚，则身弑国亡；不甚，则身危国削。名之曰幽、厉，虽孝子慈孙，百世不能改也。 /166

34 人人有贵于己者，弗思耳。人之所贵，非良贵也。 /171

35 自暴者，不可与有言也；自弃者，不可与有为也。 /176